ラグビー知的観戦のすすめ

廣瀬俊朗

角川新書

はじめに

2015年9月19日、英国時間の18時56分。

日本では20日午前3時になろうとする頃だ。

ラグビー日本代表が、第8回ワールドカップの初戦で、これまで二度の優勝を誇る南アフリカ代表スプリングボクスから34―32と劇的な逆転勝利を収めた。

日本がワールドカップで勝利を挙げたのは、1991年10月14日、第2回大会でジンバブエ代表を52―8と破って以来のこと。

24年ぶりの白星は、英国のタイムズ紙やガーディアン紙といった高級紙が「スポーツ史上最大の番狂わせ」と大々的に報じた、掛け値なしの大金星だった。

僕は日本代表の一員ではあったが、試合に出場する23名のメンバーに選ばれず、仲間たちが練習の成果を出して強豪にくらいつく様子を、スタンドから見守っていた。

最後10分ぐらいからは、グラウンドに降りていった。そして、カーン・ヘスケス選手がロスタイムに逆転トライを挙げた瞬間に、歓喜を爆発させた。

２０１２年にエディー・ジョーンズヘッドコーチ（ＨＣ）のもとで日本代表の強化がスタートして以来続けてきた、「ハードワーク」が報われた瞬間だった。

そうした大きな感動と喜びのなかで、試合直後にピッチ上に現れた光景を見て、僕は改めてラグビーという競技の素晴らしさ、価値を再認識した。

負けた南アフリカの選手たちが、悔しさを押し殺して、笑顔で日本の選手たちに手を差し出し、握手をして「おめでとう」と言っているのだ。

僕も、グラウンドのみんなに駆け寄ったとき、南アフリカの選手たちと握手をすることができた。

彼らにしてみれば、ここで日本に負けることなどまったく考えていなかっただろうし、ものすごく悔しかったはずだ。それでも、自分たちで集まって敗因を分析したり反省したりする前に、まず勝った日本代表を敬ってくれた。

日本の選手たちは、長い強化の末に手に入れた大金星だったので、とにかく勝利を喜ぼうという気持ちでいっぱいだったが、そういう状況でも、南アフリカの選手たちは僕たちをリスペクトすることを忘れていなかった。

それが何よりも嬉《うれ》しかった。

同時に、その光景は、南アフリカというラグビー伝統国を代表する選手たちの懐の深さを僕に改めて認識させてくれた。

僕は、彼らが築いてきたもの、背負っているものの大きさをその場で感じ取って、僕たちはまだたった1回勝っただけなんだ、と考え直した。

南アフリカ代表のなかには、当時サントリーサンゴリアスでプレーしていたスカルク・バーガー選手やフーリー・デュプレア選手がいた。彼らはチームメイトの小野晃征《おのこうせい》選手をはじめ、ジャパンラグビートップリーグでいつも対戦する日本代表の選手たちをよく知っていた。僕も、彼らをよく知っていた。だから、彼らの顔を見た瞬間に、大きな喜びの渦中にいながら、ふと素《す》に戻って、そういうことを考えられたのかもしれない。

本当にラグビーは素晴らしい、こんな素晴らしいスポーツはなかなかない――僕は、そんな感慨にふけっていた。

ラグビーでは、同じチームで毎日いっしょに汗を流している仲間と、お互いに国を背負って戦うことがしばしば起こる。

これは、お互いにとって大きな喜びだ。

もちろん、試合が始まれば相手の選手が日本ではチームメイトだろうが、元チームメイトだろうが、そんな余計なことを考えずにチームのために力を出しきってプレーする。

それでも、試合が終わればお互いに健闘をたたえ合うし、試合前に顔を合わせるようなことがあれば、「今日は楽しみだね」といった話もする。

つまり、普段からリスペクトし、認め合っている人間と、国を背負って本気で戦うところに、ラグビーのテストマッチの面白さと奥深さがある。

お互いに尊敬し合っているからこそ、手を抜かずにいいプレーをしたい。それが、僕たちピッチに立っている人間の気持ちなのである。

もともとラグビーには、自分たちのチームが勝ちさえすれば、あるいはいいプレーをしさえすればそれでいい、といった独りよがりな部分があまりない。

むしろ、対戦するチームやレフェリーといっしょに、いいゲーム、感動できるゲームを作り上げたい気持ちが強く、そういう気持ちが独特の「ラグビー文化」を築いている。

ラグビー選手がレフェリーに対して高圧的な態度を取らず、試合中もコミュニケーションを取り合い、ネゴシエート（交渉）するのも、そういう文化があるからだ。

そこには、今戦っている試合を素晴らしいものにしたいという考えがある。

スタジアムにいる観客も、そういう姿勢を持っている方が多いように思う。サッカーの試合では、サポーター同士がトラブルを起こさないようにするため観客席を厳密に分けるが、ラグビーでは——特に、ワールドカップのような大会では——それぞれのサポーターが交ざり合い、隣り合って座っている。

そうした、素晴らしい試合をみんなで作り上げようとするところが、ラグビーの面白さだ。

だから、僕たちプレーヤーは、相手が強いチームであればあるほど「頑張ろう」という気持ちになるし、みんなでひとつのエンターテインメントを作り上げると考えているからこそ、試合が終わった瞬間に、負けたチームの選手が勝ったチームの選手に「おめでとう」と言えるのだろう。

こうした「ラグビー文化」の根底にあるのが、お互いに激しく真剣に身体をぶつけ合う競技の特質だ。

試合のなかでは、相手の身体を壊そうと思えば壊してしまえるような状況がしばしばある。しかし、そこで人間としての最後の一線を決して越えることなく、どんなに激しい戦いのなかでもお互いにルールを守り、そのなかで最大限の戦いを繰り広げようとする。そこがラグビーの素晴らしさであるし、そういう本質を理解しているチームを相手にするからこそ、対戦相手に対するリスペクトの気持ちも生まれてくる。

もっとわかりやすい言葉で言えば、レベルが上がれば上がるほど、「しょうもないプレー」をしなくなるのがラグビーという競技なのだ。

そういうラグビーの本質にあるのは、「多様性」だと僕は思う。

ポジションによって身体つきも、持っている個性も、みんな違っている。

ゲームの性質から考えても、チームのなかで自分だけがハッピーになればいいという気持ちでは、いい試合を戦うことはできない。いい試合をするためには、身体の大きなフォワードも、僕たちバックスも、みんながハッピーになることを考えながらプレーする必要がある。

そして、仲間のために頑張ろうと思ってプレーするからこそ、見ている多くの方に勇気や感動をお届けすることができる。

チームのメンバーが多国籍であるのも、ラグビーの大きな特徴だ。

もちろん、サッカーでも野球でも外国人選手がチームにいて活躍しているが、ラグビーは国を代表するナショナルチームにも、一定の代表資格（エリジビリティ）を満たした海外出身の選手たちがいる。エリジビリティについては後で詳しく解説するが、自分とはまったく違う環境や文化のなかで育った人を受け入れていっしょにプレーするのも、ラグビーの素晴らしさだ。

僕自身の経験でも、２０１５年のワールドカップにいっしょに参加した選手たちとはいい関係を築くことができた。

彼らのなかには、オーストラリアやニュージーランドといったラグビー伝統国出身の選手たちもいれば、トンガ、サモアやフィリピンといった国にルーツを持つ選手もいた。本当に多国籍だった。しかし、なにより彼らは日本が大好きだったし、ワールドカップがどういう大会であるかを日本人の僕たち以上に深く理解していた。

僕にとっては、この大会が初めてのワールドカップだったので、どれほど凄《すご》い大会なのか理解していなかったが、彼らのワールドカップにかける思いに触れるたびに、大会の凄さを僕自身が感じたいと思うようになった。そうした相乗効果が生まれたことも、僕たちが好成績を残すことができた要因のひとつだろう。

こうした経験を積んだラグビー選手の多くは、現実の社会に出ても、人に対してバリアを張ることなく、個性を認め合い、たとえば「この人のこういう良さを自分に引き入れれば、自分ももっと良くなるのでは」と考えるようになる。だから、ラグビーは社会的にも意義のあるスポーツだと言えるだろう。

スポーツの社会的な価値を考えると、さまざまな人に喜んでもらうことであったり、子どもたちから憧《あこが》れられる選手になったりすることが、単純な勝敗よりも大きくなる。

もちろん、選手としてプレーする以上は、相手がどんなチームであれ絶対に勝つつもりで試合に臨む。しかし、では試合の勝ち負けを僕たち選手が完全にコントロールできるかと言えば、必ずしもそうとは限らない。だから、自分でコントロールできない勝ち負けにこだわり過ぎると、チームのあり方もあまり健全とは言えなくなる。

ラグビーが単なる勝ち負けだけを争うスポーツであれば、これほど多くの人が観戦に訪れることはないのではないか。

選手たちが持てる力をすべて試合で出し切る様子や、勝敗を超越してお互いをリスペクトする態度が価値あるものとして受け取ってもらえるからこそ、ラグビーは、たとえ負けた試合であっても、人の心を打ち、見た人から「良い試合だったね」と言ってもらえる何かを生み出すことができるのだ。

それが、ラグビーという競技が持つ価値なのである。

本書は、そういうラグビーが持つ価値を、なるべくわかりやすくお伝えしようと考えて書いたものだ。

だから、これまでの「観戦入門書」的なものとは少しテイストが違うかもしれない。

第1章のポジションについての解説は、「多様性」という観点から、それぞれのポジションに特有のキャラクターを抽出して、どういうポジションの選手が試合中に何を考えているのかといったことまで理解していただけるように工夫したつもりだ。

同様に、第2章も単なるルール解説ではなく、どこをどう見ればラグビー観戦が楽しくなるかを考えて、ルールを生んだ背景からわかりやすく説明した。

第3章は、これから始まるワールドカップ日本大会に向けて、世界各国はどんなラグビー文化を持ち、どういうラグビーをするのかに焦点を合わせた。

第4章では、僕が今携っている「スクラムユニゾン」という活動も紹介している。

これは、ワールドカップで来日する世界のチームの国歌またはラグビーアンセムを、その国や地域の言葉で覚えて、試合会場でいっしょに歌おうというプロジェクトだ。

歌というツールを使いながら、日本とはまた違ったやり方でラグビーボールを追いかけている世界各国の文化まで学べれば、大会が終了したあとも、僕たちの心に各国の人たちとふれ合った経験が「レガシー」として残ると、僕は考えている。

そして、僕が改めてラグビーに抱いているさまざまな思いを綴った。ひとりでも多くのみなさんと、ラグビーという素晴らしい競技が持つ価値を共有したいからだ。

そのためにも、なるべく構えずに、リラックスして読んでいただきたい。第1章から順番に読まず、興味があるところだけ拾い読みしても、ラグビーのすばらしさが伝わるように構成したつもりだ。

いつの日か、休日に近所の河原に散歩に出かけたら、あちこちのグラウンドで普通に「草ラグビー」が行なわれ、そこで国籍も肌の色も育った背景も違うさまざまな人たちがいっしょになって楕円球《だえんきゅう》を追っている――そんな国に、この日本がなったらどんなに素晴らしいだろう！

そんな理想のイメージを追いかけながら、みなさんといっしょに、これからラグビー観戦を楽しめれば幸いだ。

目次

第2章　ラグビーはこう見ると、よくわかる！

第3章　「世紀の祭典」ワールドカップと、世界ラグビーの勢力図

第4章　僕がラグビーを大好きな理由

第1章　ラグビーをやっているのは、こんな人たちだ

～各ポジションのキャラクターがわかれば
ラグビー理解がグンと深くなる～

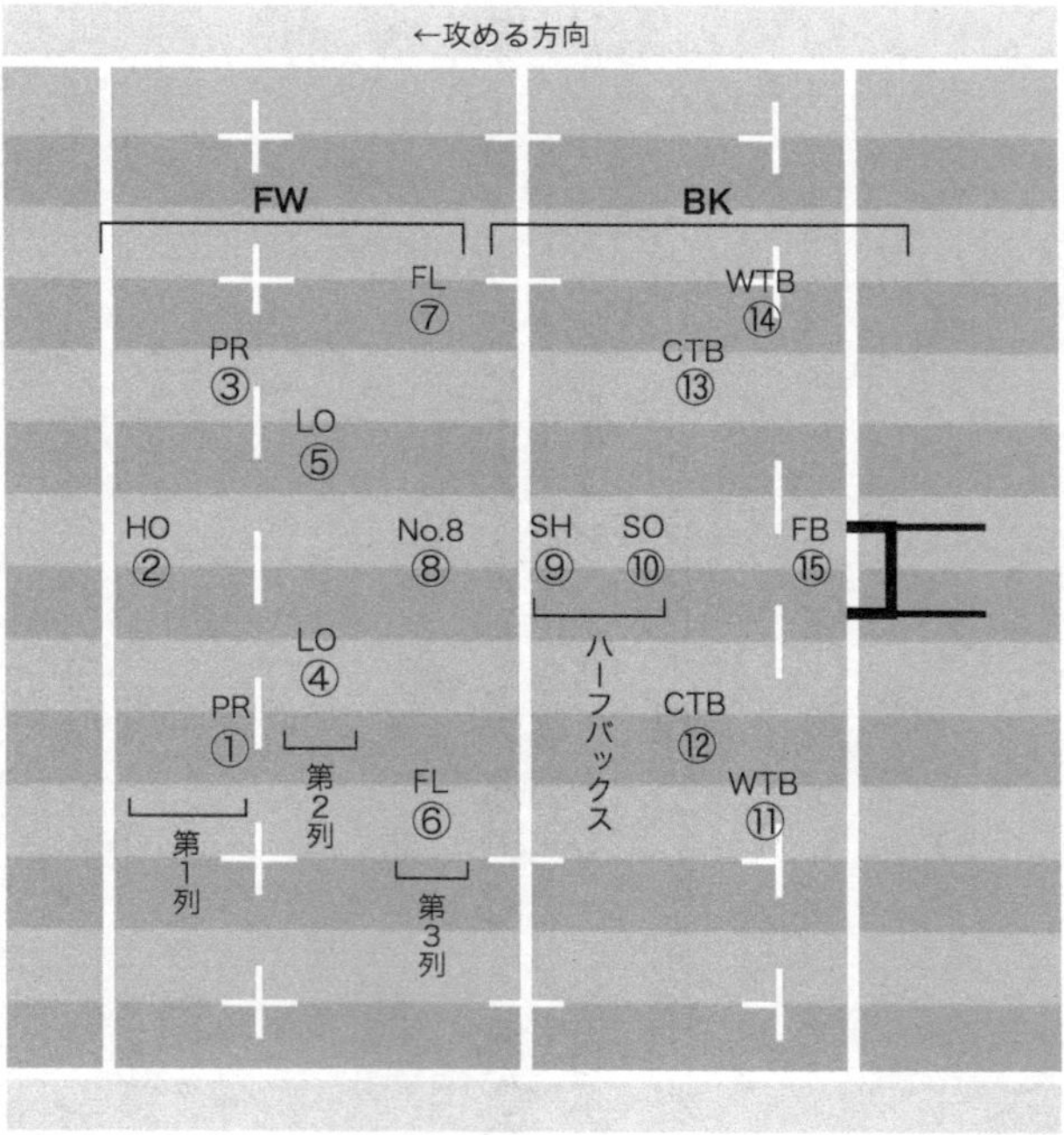

ラグビーのポジション

One for all, All for one

1人はみんなのために、みんなは1人のために

——アレクサンドル・デュマ『三銃士』より

ラグビーは多様性を持った競技だ。

各ポジションの特性や特徴は、多様性の象徴だと言える。

身体が大きい人間にも小さな人間にも、足が速い人間にも遅い人間にも、力が強い人間にもそれほど強くない人間にも、それぞれの個性を活《い》かしたポジションが用意されている。

この章では、そんなラグビーのポジションと、各ポジションの選手たちがどんな特徴を備えているかを説明しよう。

こうした特徴をつかんでいれば、試合を観戦しているときに、選手たちが今どんなことを考えているのかを想像しやすくなるし、ピッチの上で何が行なわれているかを理解する手助けになると思う。

フォワードという8人の男たち

ラグビーは、８人のフォワード（ＦＷ）と7人のバックス（ＢＫ）でチームが構成される。

フォワードの８人は身体が大きくて力が強く、スクラムやラインアウトをはじめ、コンテストと呼ばれるボール争奪戦で相手とひたすら身体をぶつけ合う。

そのうち、背番号1番から3番までの3人を「フロントロー」と呼ぶ。

これは、スクラムを組むときに、この3人がチームの最前列にいて、相手と対峙《たいじ》するからだ。

このうちの1番と3番がプロップ（PR）と呼ばれ、スクラムでのバトルが最大の見せ場だ。

真ん中に位置する2番はフッカー（HO）と呼ばれ、両腕を味方のプロップに預けた姿勢で、足を伸ばしてスクラムに投入されたボールを後ろに掻《か》き出す。ラインアウトでは、タッチラインからボールを投げ入れるスロワーを務めることが多い。

そんなフロントローの3人を後ろから押し込む4番と5番は、「ロック」（LO）または「セカンドロー」と呼ばれている。スクラムの2列目にいて、スクラムがばらけて力が分散しないように、がっちりと「ロックする」ポジションだ。

ロックの両脇には6番と7番の「フランカー」（FL）がつく。こちらもスクラムの2列目についているからセカンドローなのでは……と考えたくなるが、その昔はロックの後ろについていた。つまり、ふたりのロックの間に頭を突っ込んで最後尾に位置する「ナンバー８」（ＮＯ８《エイト》）の両脇が、昔のフランカーのポジションだった。

だから、フランカーとナンバー８の３人をまとめて「第３列」あるいは「サードロー」と呼ぶ。

同じフォワードでも、フロントローとロックとではまったく役割が違うし、求められる体格も変わってくる。第３列の選手も、前の５人とは違う資質が求められる。

いずれも力強さが求められる点では同じだが、求められる強さが異なるのだ。

「結婚するならフロントロー」～スクラム最前線で身体を張る〝熱い〟男たち～

フロントローは、国際試合のレベルになると合計が９００キロ近くにもなる相手フォワード８人の体重を最前列で受け止めるポジションだ。だから、体重の重さがまずは求められる。

このスクラムがラグビーにおける攻守の起点となるので、相手に押されず、逆に押し込むような力強さが必要だ。スクラムに全力を傾け、ラインアウトでも、背の高いロックや第３列の選手を持ち上げてボール獲得に力を尽くすから、どうしても試合中になかなかボールを持つ機会に恵まれない。

いわば「縁の下の力持ち」的な存在だ。

たとえばスタンドオフに入ってゲームをコントロールする立場にいるときは、僕は、味方のフロントローとセカンドローと相手との力関係を見極めながら、もしスクラムで劣勢に立っていたら、相手が落としたボールをすぐさま拾って攻めるようにするなど、なるべくスクラムを減らすような方法を考えていた。あるいは、両チームのフロントローのフィットネスを見比べながら、味方が疲れているようなら、キックを早めに使って、走る負担を減らすようなことも考えた。

スクラムの優劣は試合に大きく影響する場合があるので、なるべくフロントローに負担をかけず、気持ち良くスクラムに臨めるように考えていたのだ。

また、ウイングのポジションに入ったときは、スクラムが自分に近いところで組まれることがあるので、そういうときには直接励ますような言葉をかけた。

グラウンド全体を見渡してゲームの組み立てを考えるポジションにいるときは、フロントローに負担をかけないオプション（選択肢）を使うことで彼らをエンカレッジして（励まして）、位置的に近いポジションにいるときには直接的に声がけして、エンカレッジしていたのだ。

相手が反則してペナルティキックを与えられたとき、スクラムを選択するか、ラインアウトにするか、それともペナルティゴール（ＰＧ）を狙って3点とるのか、迷うことがある。

そういうときに、フロントローに「スクラムで行けるか？」と訊《たず》ねることもあるが、彼らは、たとえそれまでのスクラムが劣勢だったとしても「絶対に行ける！」としか答えない。それがフロントローのプライドだし、スクラムを選択することに関してはほぼ絶対に「ノー」とは言わない。それだけ、自分たちが鍛えてきたスクラムにプライドを持っているのだ。

だからこそ、僕のような後ろのポジションの人間には、冷静な見極めと判断が求められる。

そして、こうした決断を下すために必要なのが、フロントローと普段から「いい関係」を築いておくことだ。もともとユニットで動くことが多いポジションだから、彼らは淋《さび》しがりやというか、人といっしょにいるのが好きなので、僕は普段から声をかけるようにしていた。

たとえば、フロントローにスクラムのことを訊ねると彼らは喜んで話してくれる。バックスである僕のポジションにはほとんど関係のない話だが、スクラムを語る彼らの目は輝いているし、そうすることで、チーム内のコミュニケーションも風通しが良くなる。

そのくらい、彼らはいつもスクラムのことを考え、スクラムをより良く組むことを意気に感じるものだ。

そうしたポジションの特性が性格にも反映するのか、フロントローの人たちは、みんな心が優しい。女性ファンには、「結婚するならフロントロー」とオススメしたいくらいだ。

体形は、身長180センチ体重110キロくらいの筋肉の塊をイメージしてもらうとわかりやすい。「ぬくもり」を感じたいときや、寒いときにはそばにいて欲しい存在になるのではないか。

ただ、そういう身体つきだから、夏は部屋の冷房設定温度を誰にも断らずに16度くらいまで下げてしまうことがある。ミーティングの最中に、みんなが「なんか寒いな……」と思って周りを見回したら、プロップの選手が黙って設定温度を下げている場合が多い。

試合のなかで、スクラムの最前線で戦うという過酷な役割を担っているからか、フロントローはたいてい仲が良く、よく連れ立ってご飯を食べに行く。

しかも、食欲が旺盛《おうせい》でほとんど好き嫌いをせずに何でも「美味《おい》しい」と言って食べるので、食べるのが好きな人には、友だちとしても最適かもしれない。結婚相手にしたら、作った料理を全部きれいに平らげてくれるのは間違いないだろう。自戒を込めて言えば、バックスの選手の方が体調の管理にこだわって「夜は油っ気の多いものを食べたくない」とか、注文をつけることが多い。

そういう意味でも、「結婚するならフロントロー」が断然オススメだ。

「お酒を呑むならセカンドロー」～淡々と呑み、黙々と働く巨漢たち～

ロックも、フロントローとともに黙々とボールの争奪に汗を流すポジションだ。

ただ、縁の下の力持ちであることは同じだが、ラインアウトのジャンパーとして、また相手が蹴《け》り込んだキックオフやドロップアウトをキャッチするキャッチャーとして、空中戦で戦うことを求められる。当然長身の選手が多く、今では身長が１９０センチ以上ある選手が各チームにいるし、なかには、神戸製鋼コベルコスティーラーズでプレーしていた南アフリカ出身のアンドリース・ベッカー選手のように、身長２０８センチという選手もいる。

今のラグビーでは、ラインアウトがアタックの重要な拠点なので、バックスとしては、なるべくバックスに近い後ろの方でラインアウトのボールを獲得してくれるとありがたい。相手が反則したときに、ボールをタッチラインに蹴り出してマイボールのラインアウトから次のプレーを再開するような場合には、「こういうプレーをやりたいので後ろの方で捕って欲しい」というような要望を出すこともある。

しかし、それはラインアウトで優位に立っている場合で、劣勢のときは、とにかくマイボールを確保することを優先してもらう。ラインアウトでの駆け引きについては、中心となるロックを信頼して任せる場合が多く、バックスとしては、要望を出すことはあるけれども、あまり口を挟まないのが通常のことだ。

ピッチ上でボールが大きく動いてプレーが続いている間は、タックル後のボール争奪戦（ブレイクダウン）で身体を張り、密集戦に頭からどんどん突っ込んでいく。モールの攻防では、押し合いの中心的存在で、アタックしているときは味方のフォワードを前に押し出し、ディフェンスでは相手のモールを塊ごと押し返そうとする。

派手なプレーをして目立つようなところはあまりないが、ロックがボールを持ってどんどん前に出てくれると、チームには勢いが出る。

日本代表でいっしょにプレーをしたトンプソン ルーク選手は、そんなロックの象徴的な存在で、とても頼りになった。倒れては起き上がり、起き上がってはまたタックルに行くことを、試合中ずっと繰り返してタフだった。諦める姿を見たことがない。

東芝ブレイブルーパスや日本代表でチームメイトだった大野均《おおのひとし》選手も、とにかくタフで、疲れを知らずによく走る。

つまり、ロックは、精神的にも肉体的にもタフさが求められるポジションなのである。

相手に当たり負けず、ひるむことなく挑みかかって行く姿勢を試合中ずっと保ってくれると、本当に心強い。

プライベートでは、大野選手に象徴されるように、「お酒を呑《の》むならセカンドロー」という感じだ。もちろん、体質的にまったくアルコールを受け付けないロックの選手もいるだろうが、あまり聞いたことがない。

ロック会と呼ばれる、ロックだけで飲むときには少し様子が違うようだが、通常は、呑んでもバカ騒ぎをするのではなく、淡々と変わらないペースで呑み続ける。そういうお酒の席でのスタイルと、きつく苦しいことを黙々と表情を変えずにやり続けるプレーぶりが非常に似ていて、僕にはロックのイメージとして焼きついている。お酒を抜きにしても、ロックの選手に自分から饒舌《じょうぜつ》にしゃべるタイプは少なく、これも黙々と働き続けるプレーぶりに重なって見える。

「親分にするなら第3列」 〜相手との接点でハードワークする頼りになる男たち〜

第3列の選手たちも、ロックと同様にラインアウトではジャンパーを務めることがあり、ブレイクダウンで身体を張るところは似通っている。

ボールを持ったときに力強いボールキャリーが求められるのもロックと共通するが、ロックがシンプルにまっすぐズドーンと相手に突っ込むイメージなのに対して、第3列の選手は、直線的な突進だけではなく、状況に応じてパスをするなどのスキルが求められる。

体格的には、ブラインドサイド・フランカーと呼ばれる6番とナンバー8（8番）はロックと同じように長身で身体の大きな選手が務める場合が多いが、ロックに比べると、ボールに触れる機会が多い分、第3列の選手にはパスの他にもジャッカル（タックルされた相手選手からボールを奪いに行くプレー）のようなボールを扱うスキルが求められる。

密集戦で相手に圧力をかけるにしても、セカンドローにはボールを持っていない状態で相手を押し込むような圧力が求められるのに対して、第3列は、ボールを持ったまま密集のなかをかき分けて突き進むような圧力が求められる。日本代表なら、大野均選手が典型的なロックのタイプで、リーチ マイケル選手は第3列としての適性をすべて備えている。

前回のワールドカップで南アフリカを破ったときに、途中からナンバー8のポジションに入ったアマナキ・レレイ・マフィ選手も豪快な突進が持ち味だが、最後の逆転トライの場面では、南アフリカのJP・ピーターセン選手のディフェンスの立ち位置を見極めて、ラストパスを出してトライをアシストした。

こういうスキルが求められるのが、第3列の選手なのである。

オープンサイド・フランカーと呼ばれる7番は、同じ第3列でも、やや小柄な選手が務めることが多く、こちらは「ボールハンター」として常に相手とコンタクトが起こる場所に駆けつけるイメージだ。日本代表の布巻峻介《ぬのまきしゅんすけ》選手や、オーストラリア代表のマイケル・フーパー選手を思い浮かべてもらうと、7番にはどういうタイプの選手が多いかわかりやすい。

こちらも、パスやジャッカルの高いスキルが求められていて、世界的に見てもパスの上《う》手《ま》い選手が多い。サントリーサンゴリアスにいたジョージ・スミス選手も、7番としても活躍した。

今のラグビーでは、戦術的に第3列の選手がタッチライン際、つまりピッチの外側に立つことが多く(左の図参照)、逆にフロントローとロックの5人は左右の15メートルラインの間の、真ん中のスペースで仕事をする。そういう点でも、第3列の選手には、広いスペースで相手のバックスをワン・オン・ワン（1対1）で抜いたりするような、バックス的なスキルが求められている。

この辺りがラグビーの戦術が21世紀になって大きく変わったところで、以前は6番と7番は常にボールのあるところにいるように指導されていたが、今は外側の広いスペースで働くことを求められているのだ。

そのため、練習でもフロントローやロックとは別に、第3列の選手がバックスといっしょに練習することが多くなっている。求められるスキルにバックス的な要素が増えているからだ。

第3列はディフェンスでも大きな役割を担っている。

ナンバー8は、相手が高く蹴り上げたボールの処理も仕事のひとつであるし、バックス

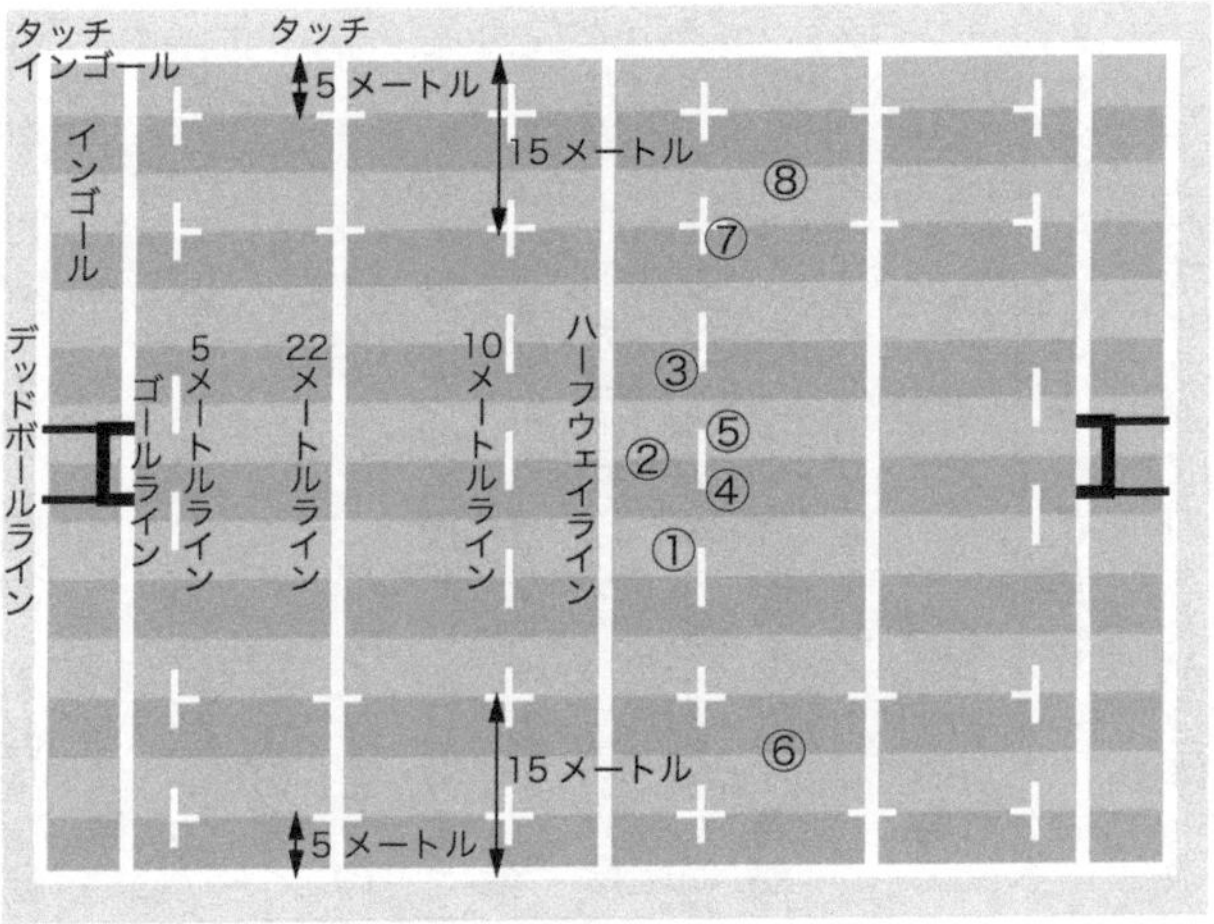

⑥⑦⑧は外側の広いスペースで働く

ラインの背後を走って、味方のバックスが抜かれたときに備える。いわばピンチの芽をいち早く感じ取って摘む、危機管理能力が求められるのだ。

対照的に7番は、たとえばスクラムからのディフェンスであれば、味方のバックスといっしょに相手のバックスにプレッシャーをかける。6番は、次の展開を読みながら、相手が攻めてきそうなスペースを埋める。

第3列の選手に高いタックル能力が求められるのは、そういう役割があるからだ。

つまり、第3列の選手は、最前線で身体を張って味方を守る役割を担っている。乱暴にくくれば、前ヤマハ発動機ジュビロ監督で今は日本ラグビー協会の副会長を務める清宮克幸《きよみやかつゆき》さんのような「親分肌」の選手が多い。

僕が、「親分にするなら第3列」と考える所以《ゆえん》である。

もちろん、なかにはスミス選手のように「孤高のハンター」みたいなタイプもいて、そうしたキャラクターは、ひとりひとりの体格や資質によって変わってくる。でも、フォワードの選手をまとめる役割はやはり担っていて、たとえば「リーチがこう言っているからこうしよう」みたいな感じでアドバイスにはみんな素直に従う。

実際、リーチ選手をはじめ、若手ではトヨタ自動車ヴェルブリッツの姫野和樹《ひめのかずき》選手のように、キャプテンを務める選手が多いのも、このポジションだ。

先を読みながら次の展開をどうするか、身体を張りながら提案する辺りは、大工の「棟《とう》梁《りょう》」のようなイメージでもある。

バックスという7人の個性

こうしたフォワードの8人が身体を張って獲得したボールをスペースに運び、相手のデイフェンスを突破してトライに結びつけるのが、バックス（ＢＫ）の役割だ。

バックスは、９番のスクラムハーフ（ＳＨ）と10番のスタンドオフ（ＳＯ）を「ハーフバックス（ハーフ団）」という言い方でまとめて呼ぶことがある。

フォワードはどうしても自分の前で繰り広げられるバトルに目が行って、密集に近いところの出来事に注意を集中するが、ハーフ団のふたりは、もう少し視野を広く持ってゲームが今どう動いているのかを見ている。スクラムハーフとスタンドオフの実際のプレーぶりはかなり違うが、ハーフ団とまとめるのは、そうやってゲームをコントロールすることが多いからだ。

11番から14番までの４人は「スリークォーター・バックス」と呼ばれているが、フィールドの中央で働く12番、13番のセンター（ＣＴＢ）と、外側でボールを待ってトライチャンスをうかがう11番、14番のウイング（ＷＴＢ）ではまったく役割が違う。

そのため、ここでは「センター」「ウイング」というようにポジションを分けることにした。

そして、チームの最後尾に位置するのが「フルバック」（ＦＢ）だ。

このフルバックと、11番、14番の両ウイングを合わせて「バックスリー」と呼ぶこともある。

チームの後方に位置している3人、という意味だ。

「学級委員にするならハーフ団」 ～ゲームをコントロールする戦術家たち～

ハーフ団がゲームをコントロールする役割を担っていることは前に述べた通りだが、では、ゲームをコントロールするとはどういうことなのか。

簡単に言えば、チームとしての戦い方、つまり指針を決めることになる。

ラグビーは、いつも同じ戦い方をするだけでは勝てないし、面白くない。

天候や対戦相手によって、キックを多めに使ったり、パスを多めにしたり、逆にパスをあまり使わずにボールを持ったらタテにまっすぐ突っ込むようにしたり……と、最適な戦い方を決めるのがハーフ団の仕事だ。

つまり、ゲームをいかに勝利に近づけるか。そのためにどういう選択肢を選べば相手にプレッシャーがかかるのか。あるいは、どういうふうにすれば味方が、精神的にもプレー的にもどんどん乗っていけるのか。そういうことを試合中にずっと考えるのがハーフ団の仕事になる。

たとえば、スクラムが優勢に組めているときは、相手がペナルティを犯したときにタッチラインの外にボールを蹴り出してラインアウトにするのではなく、スクラムを選択すれば、相手にはプレッシャーがかかるし、味方のフォワードはどんどん精神的に乗ってくる。それもひとつのコントロールだ。

そのためには、相手が今どういう状態であるかを細かく観察し、見極める「目」が要求される。そういう目――戦術眼――の優れている選手が、ゲームを上手くコントロールできる選手だ。

僕は９番のスクラムハーフでプレーしたことはほとんどないが、10番のスタンドオフとしてはプレー経験が長い。

フォワードにくっつくようにいつも密集の後ろにいる９番と、密集から離れた位置に立つスタンドオフでは、見る景色が違う。

10番でプレーするとき、僕はまず密集やブレイクダウンに注目する。

そこで味方が前に出られているか。これから大きくボールを動かせるような早いタイミングでボールが出てくるのか。それとももう一度ボールを下げないで、ゲインラインに対してアタックして、改めて仕切り直すのか。そういう点に注目しているのだ。

それから、相手のディフェンスラインの背後に大きなスペースが空くかどうかを確かめる。これは、チームで試合前に分析した情報通りなのか、それとも情報と違うことを相手がやっているのかを見極めることでもある。プレー中はピッチに立っているから水平方向しか見えないが、そうした情報を頭に入れながらプレーすれば、予測が働くので、上から俯瞰《ふかん》したように相手の動きを見極められるのだ。

あとは、点差や残り時間を常に考えながらプレーを選択する。

たとえば、相手にリードされて残り数分となれば、勝つためにあえてリスクを冒してでも攻める選択をするし、逆にリードしていればリスクを減らすために、たとえばキックを選択する。

どのプレーにはどういうリスクがあるのかを頭に入れておかないと、点差や残り時間といった状況に合う選択ができないことは言うまでもない。雨が降っていたり、蒸し暑くてボールが滑りやすいような気象条件のときは、その点も考慮に入れてプレーを選択しなければならない。

さらに相手が見せる「ボディ・ランゲージ」も大切だ。

これは、プレーが途切れたときや、次のプレーに向かうときに、相手チームがどんな反応をしているかを見て、疲労度を測る考え方だ。

たとえば、ブレイクダウンで倒れている相手選手が、肩で大きく息をしているところがパッと目に入れば、「そろそろフィットネスが切れかけているな」という情報がインプットされる。

そういうときは、味方の選手と「相手は疲れ始めているからもっと攻めよう」と、コミュニケーションを取り合う。

また、相手の選手がグラウンドに倒れ込んだときは、どこをどの程度痛めたのかしっかりチェックする。そして、その選手が立ち上がってプレーに戻るようであれば、彼の周辺を攻めようと考える。ラグビーは、相手に弱みを見せてはいけないスポーツだから、痛がって弱みを見せると、こういうふうに狙われるのだ。

スタンドオフにとって、特に大切な情報は、相手のフォワードが疲れているかどうかだ。

フォワードが疲れてくると、ディフェンスラインの整備が遅れ始める。そういうときはどんどんボールを動かせばディフェンスが足りなくなる。足りなくなった分のスペースは、相手のバックスが埋めようとするから、今度はバックスの外側に大きなスペースができる。

フォワードの疲労度は、ゲームをコントロールする上で本当に大切な情報で、逆に味方のフォワードが疲れているときは、あまりボールを動かさずにキックでエリア（地域）を獲得するオプションに切り替える。

スクラムハーフは、フォワードに近い分、こうした情報をもっと細かいところまで把握しているから、プレーが途切れたときにハーフ団で話し合い、どちらのフォワードがどのくらい疲れているかといった情報を共有する。近年、９番の選手が自分のところでキックを蹴るような場面をよく見かけるが、ボールを下げないでフォワードを前に出したいという意図があるのと、キックのチェイスが簡単だからだ。

９番と10番が、プレーの合間にふたりで話しているところをよく見かけるのは、そうした現状把握を常にふたりで行なっているからだ。

もちろん試合前に、チームでしっかりゲームプランを立てているので、基本的にはそのプランに沿ってゲームを進めることになるが、プランは決して絶対ではなく、試合中に相手の反応や状況を見極めながら変化を加えていく。

試合が始まって15分くらい経てばおよその感触がわかってくるので、スタンドオフは「このままの状態でゲームが進めばいいな」とか、「このままだと劣勢になるから、何か変化をつけた方がよさそうだな」と、展開を読む。そのあとでシンビン（10分間の一時的退場）が出て人数がひとり減ったり、負傷者が出て予期せぬ交代が行なわれると、読みをまた修正する。

80分間にわたって行なわれるゲームをコントロールするために、ハーフ団のふたりは、常にそういうところをチェックして、次の一手を考えているのだ。

こうしたハーフ団の機微を知って観戦すると、たとえば暑い時期なら前半20分辺りでウォーターブレイクの中断があったときに、ひいきのチームがプランを変えようとしているのか、それとも手応《てごた》えを感じてそのままの勢いでプレーしようとしているのか、といったことが見えてくる。

あるいは、試合前に劣勢を予想されたひいきチームを見て「あれ、今日は全然キックを使わないな」という感想が湧いたら、それは、予想を覆して大胆でチャレンジングなラグビーを仕掛けようとしている兆しかもしれない。いつもの戦い方ではなく、何かチャレンジングなラグビーを準備していて、今実行しようとしているのだと思えば、応援するにも「おっ！」と力が入る。

そんなラグビーがハマれば面白いゲームになるし、リスクを背負って攻めた結果が裏目に出たら、残念な結果になるかもしれない。

でも、応援する人間が、そうやって頭を使ってゲームを見れば、ラグビーの面白さがまた一段と深く味わえるようになるだろう。

それから、イエローカードをもらって人数が減ったチームは、ゲームをゆっくり進めようとするし、相手は逆に速いテンポでアタックを仕掛けようとする。そういうときに、人数が多いチームがペナルティゴールで確実に3点を狙ったときには、「あれ、今日は慎重にゲームを進めているな」と考えられる場合もある。細かい戦術がわからなくても、いつもと違う印象を受けるかどうかや、偶発的な出来事に注意を払って試合の流れを追っていれば、観戦がまた一段と面白くなるのだ。

点数に関して言えば、2トライ2コンバージョンでも追いつかない15点差が勝負の決まるひとつの目安となる。これは、ラグビー選手のほとんどが意識する点差だ。

このようにハーフ団は、チームのまとめ役的存在なので、「学級委員」とか「町内会長」みたいな「まとめ役」にピッタリのキャラクターだ。

僕がスタンドオフだけではなく、ウイングとしても多くの試合に出ることができたのは、スタンドオフのときに培ったゲーム全体を見る目を、ウイングという外側のポジションでも活かせたからだと思っている。

「いっしょにサバイバルするならセンター」　〜タフで現実的？　実行力のある男たち〜

センターは、パスだけではなく、ボールキャリーで相手の防御に切り込む強さも求められる。さらにウイングやフルバックといった外側のプレーヤーとリンクするスキルも必要だ。

９番、10番のハーフ団は、フォワードから少し離れているとはいえ、どうしてもフォワードのボール争奪に目が行きがちだ。それに比べればセンターは、ひとつ後ろに控えて、次にボールをどこに運ぶかを指示できる。センターがそういう役割を果たすと、バックスのアタックが機能する。

セットプレーからのファーストフェイズでは、ボールを持って前に走り、防御に挑みかかる。彼らが前に出れば次の展開が楽になるから、相手のタックルに負けない強さが求められる。

視野もハーフ団より広いから、相手バックスの全体像が見えやすい。

ニュージーランドでは、スタンドオフのことを「ファースト・ファイブエイス」、12番のインサイドセンターを「セカンド・ファイブエイス」と呼ぶことがある。

これはラグビーのポジションを8等分する考え方で、フォワードから順番に言えば、フロントローが8分の1、セカンドローが8分の2、第3列が8分の3で、スクラムハーフが8分の4。つまり、「ハーフ」バックだ。だから、その後ろにスタンドオフとインサイドセンターが並べば8分の5で「ファイブエイス（five-eighth ＝8分の5）」となる。センターとウイングを合わせて「スリークォーター・バックス」と呼ぶのも、彼らが6列目、つまり8分の6の位置にいるからだ。8分の6は約分すれば4分の3だから、「スリークオーター」バックスなのだ。当然、最後尾にいるフルバックは8分の8だから「フル」バックだ。

で、このファイブエイスという考え方は、10番と12番のふたりでゲームの司令塔役を果たすところからきている。

このふたりでゲームをコントロールすることの利点は、12番がフォワードとバックスのどちらもを視野に収めながら、次の選択肢を考えられるところにある。スクラムハーフやスタンドオフは、どうしてもフォワードからどういうボールが出てくるかに気を取られるので、外側のバックスがどういう状況にあるのか見えにくい。そんな短所を補う考え方だ。ボールがくるまでの時間も10番と12番ではまったく違う。

10番は、フォワードからボールが出たらすぐにパスがくるが、センターはそのときでもまだ相手の防御や味方のバックスを見ていられる。パスひとつ分だけ余裕があるから、スタンドオフに「早く放れ！」と指示することもできるのだ。

対照的に13番は、今はアウトサイドセンターと呼ばれるが、10番、12番の手を経てボールをもらい、走る仕事が12番に比べて多い。ある意味、ウイングやフルバックと同じように「ランナー」と考えることができるポジションだ。

イメージ的にも、13番の選手の方が12番の選手よりも身体能力が高く、アスレティックな印象を受ける。世界的に見ても、パスを放るよりもステップを切ってゲインラインを切って行くタイプの選手や、スピードに秀でた選手が多い。

バックスでムーブと呼ばれるさまざまなサインプレーを仕掛けるときは、10番と12番がキーポジションとして、「ここでこのムーブを使えば有効だ」とか、どこにボールを運ぶのかといった「デシジョン（判断）」を下す。

２０１５年のワールドカップに臨んだ日本代表で言えば、10番の小野晃征選手と12番の立川理道《たてかわはるみち》選手がそうしたデシジョンの部分を受け持ち、13番に入ったマレ・サウ選手は、どちらかと言えば彼らに使われる役割だった。ただ、12番にも「使われる」役割がないわけではない。南アフリカ戦で言えば、立川選手は後半半ばまでパスを封印して、ひたすらボールを運び、相手にコンタクトを繰り返していた。

ディフェンスに回ったときは、10番、12番、13番の3人が横一列になって相手と対峙するが、今のラグビーは小柄な10番をターゲットにして、大きな選手をぶつけてくる。そういう意味では、センターふたりのディフェンスももちろん大切だが、10番のタックル力も非常に大切だ。

スタンドオフが狙われたときに、12番の選手が相手の動きを読んで、どこを狙ってくるのか、誰がボールを持って突っ込んでくるのかといったことを予測できると、10番をサポートすることが可能になる。こういう12番がいると、スタンドオフは負担が軽くなる。

13番は、ディフェンスのときに相手からスピード勝負を挑まれることがある。ディフェンスの人数がアタックの人数と同じなのに、外側のところでスピードで振り切られてトライを奪われるような場面をけっこう見かけると思うが、そういうポジションにいるのが13番の役割。だから、相手のスピードに負けない走力が必要なのだ。

とはいえ、いくら足が速くても、12番と13番はコンタクトの回数が多いから、世界で活躍するには、身体の小さな選手には難しいポジションだ。必然的に、身体が強くて大きな選手が並ぶことが多い。

世界的に誰もが知っている13番は元アイルランド代表のブライアン・オドリスコル選手だが、彼も身体が大きくて強い上に、鋭いステップを持っている。典型的なラグビーの13番と言えるだろう。

センターに共通する性格というのを考えると、試合中の短い判断時間の中で、１００点満点を求めてはいないのではないか、と思うときがある。確率論ではないが、「ベストな判断は別にあるかもしれないが、今はこのオプションが一番確実にボールを前に運べるからこれを選択する」というように、１００点ではなく80点でよしとする、現実的な物の見方をするように感じられるのだ。

そういう意味では「リアリスト」であって、確実なプレーを選択して、それで前に出てくれる。コンタクトが多いことも含めて、第3列と同じようなキャラクターだと言えるだろう。

たぶん、サバイバルをやらせたら無類の強さを発揮すると思う。

僕たちハーフ団が考えるだけなのに対して、センターの選手たちは、自ら第一歩を踏み出して生き延びてくれそうなキャラクターだ。

無人島に取り残されたときにいっしょだったら何とかしてくれそう、というのが、僕がセンターの選手たちに抱いているイメージだ。何しろ、彼らはタフである。僕たちハーフ団だったら、ああしよう、こうしようと理屈を言うかもしれないが、実行力という点ではセンターに敵《かな》わないような気がしている。

「アイドルにするならウイング」　～トライゲッターはセルフ・プロデュースの達人～

ウイングは、味方が身体を張って獲得し、ハーフ団を中心として、フェイズを重ねながら送られてきたボールを持って走り、トライに結びつけるのが仕事だ。ひたすら走っている「走り屋」といったイメージが強い。チーム一の俊足が務めるポジションであり、アタックを仕上げる「フィニッシャー」とも呼ばれている。

そのためか、「目立ってナンボ」といった性格の人間も、実は多い。

ただ、現代のラグビーでは、豊富な運動量やさまざまなスキルが求められるポジションへと、変化しつつある。

キックを追うにしても、長いキックを追走するだけではなく、相手の背後に転がしたグラバーキック（ゴロのキック）や、高く蹴り上げたハイパントのような、相手と競り合い、奪い合う「コンテスタブル」な状況が多くなっている。また、そういう多彩なキックが使われるようになった分、ディフェンスでは、味方の背後のスペースをカバーする範囲がものすごく増えた。

かつては、キックを蹴るのは10番からが多かったが、今は9番からのキックも多いので、さらに守る範囲が広くなる。だから、ウイングが「レイジー」、つまり怠けがちだとその分を他の選手がカバーしなければならなくなり、チーム全体に負担がかかる。

ウイングはまた、ポジション的にタッチライン際にいるので、ディフェンスのときにはどうしても味方のサポートが遅くなる。だから、タックルしてすぐに起き上がってボールをジャッカルできるウイングがいると、ターンオーバーのチャンスが増える。ラックができたときに、ウイングがしっかりラックを乗り越えて「オーバー」できれば、これも「カウンターラック」と言ってターンオーバーのチャンスとなる。

また、タッチライン際でできたラックで相手の球出しを遅らせることができれば、相手が次に攻める方向が反対側のタッチラインに向かう広いサイドに限定されて、味方のポジショニングが楽になる。

こうしたタッチライン際でのボール争奪戦で求められるスキル——タックルしてすぐに起き上がることや、ジャッカルやオーバーのスキル——を高いレベルで備えているのが、今回2019年のワールドカップ日本代表にも選ばれた福岡堅樹《ふくおかけんき》選手だ。

福岡選手のようなウイングがタッチライン際で頑張ってくれれば、その分、フォワードはディフェンスラインを整備するのにゆとりができるから、肉体的に少し楽になる。ほんの少しのことではあるけれども、こういう「少し」がラグビーでは大切なのだ。

もうひとつ、あまり目立つプレーではないが、ウイングはディフェンスのときに外側からチーム全体を見渡せるので、味方に「早く前に出ろ!」とか、「下がれ」とか、「上がれ」と声によるコーチングを行なうことができる。

これは大切なプレーで、チームでもっとも広い視野を持ち、自分がタックルに入るまでにまだ時間があるポジション特性が、いかんなく活かされている。

たとえば、ディフェンスに回ったときに、フォワードはどうしても目の前の相手から視線を外すことができないから全体が見えないが、そういうときにウイングから「こっちのサイドにディフェンスは少なくてもいい」といった指示があれば、それだけで負担がかなり減るのだ。

こういうウイングがいれば、チームのディフェンス・システムが安定する。

そうした声によるコーチングが非常に上手かったのが、パナソニック ワイルドナイツや神戸製鋼コベルコスティーラーズで活躍した元南アフリカ代表のジャック・フーリー選手だ。ポジションはアウトサイドセンターだったが、試合中ずっと声を出して指示を続けていた。

この役割をウイングが担えば、チームのディフェンスが安定する。フルバックは後ろにいる分声が届きにくいし、スクラムハーフも、ブレイクダウンを見ることが多いので、ウイングほど全体を見渡せないからだ。

パナソニック ワイルドナイツはそういう声によるコーチングが上手く、僕が対戦していた頃は、三宅敬《みやけたかし》選手、北川智規《きたがわともき》選手の両ウイングと、フルバックに田邉淳《たなべあつし》さんがいて、3人が試合中にずっと声を出して連動しながら動いていた。対戦している側としては、あの声を聞くだけでプレッシャーを受けたものだった。たとえば左側のスペースを攻めるサインを出したときに、相手チームが状況判断をして、そのサイドのウイングが前に出て守備に加わり、後ろのスペースを他の人間にカバーされると、アタック側のスタンドオフとしては、「スペースが埋まってしまった、どうしよう……」と、ついつい焦ってしまうのだ。

そんなウイングも、アタックでボールを持てば、それこそ「自分が決めてやる」みたいな気持ちになって、それぞれが目立ちたがる。基本的に「オレはオレでここで目立つから」みたいなタイプが多いのだ。

でも、それも大切なウイングの資質で、自分が活躍できる場面を作り出せるウイングは、例外なくいいウイングだ。個人のテストマッチ通算獲得トライの世界記録を持っている大《おお》畑大介《はただいすけ》さんも、自分が走るスペースを工夫しながら作り出していた。

つまり、セルフ・プロデュースの能力に長《た》けているのが特徴的で、「アイドルにするならウイング」がピッタリだと僕は思っている。

「何かあったときに助けてもらうならフルバック」 〜「最後の砦」は頼れる男〜

フルバックは、最後の砦《とりで》でもあるから、この人が後ろにいてくれれば、みたいな安心感を持たせてくれるキャラクターが多い。

これもさまざまなタイプの選手がいて一概には言えないが、五郎丸歩《ごろうまるあゆむ》選手のように長いキックでエリアをとってくれるフルバックもいる。相手に大きなキックを蹴り込まれたときに、味方のフルバックがそのボールを大きく蹴り返してくれると、それだけで精神的に楽になるのだ。

もちろん、カウンターアタックもフルバックの見せ場で、そのためのステップやスピードも必要だ。そういうランの能力が高いフルバックは、どのチームでも喉《のど》から手が出るほど欲しい。

ディフェンス面では、ウイングとの連携を含めて指示を出し、チーム全体をオーガナイズする能力が求められる。これは、ウイングの項目で書いた通りだ。

もちろん、味方の防御が破られて相手の選手が抜け出してきたときに、1対1でしっかりと倒せるタックル力が大切であるのは当然のことだ。

今のラグビーでは高くボールを蹴り上げて奪い合う場面が増えているから、ハイボールのキャッチがきちんとできることも重要なスキルだ。背の高さだけではなく、タイミングやジャンプのセンスも求められる。そして、練習量もものを言う。

ニュージーランドの選手が、キックのキャッチが上手いのは、みんな真面目にその意図を理解して、練習しているから。だから、これは努力を続けることで上達できる。

一方で、フォワードが密集でボールの争奪をしている段階から、味方のウイングやナンバー8に指示を出して、相手がキックを蹴るスペースをなくすような危機管理ができれば、相手はキックを使えなくなる。蹴らせないようにスペースを埋めるのも、フルバックの仕事なのだ。

スタンドオフとしてプレーしていた頃にフルバックがどういう存在だったかと言うと、相手に抜かれたときにタックルで仕留めてくれて「助かった」と胸をなで下ろしたことがけっこうあった。そういう意味では、安心感のある存在であり、またピンチのときに助けてくれる人というイメージだ。だから「最後の砦」と呼ばれるのだ。

僕は、「何かあったときに助けてくれるのはフルバック」だと、頼りにしている。

第2章　ラグビーはこう見ると、よくわかる！

Le rugby permet aux enfants de jouer comme des grands et aux adultes de redevenir des enfants.

ラグビーは少年をいち早く大人にし、大人に永遠の少年の魂を抱かせる

——ラグビー・フランス代表元主将　ジャン・ピエール・リーブ

ラグビーは、前章で紹介したような独特のキャラクターを持つプレーヤーが15人揃って、初めてゲームがプレーされる。

この章では、細かいルールの説明ではなく、「なぜパスをするのか」「なぜキックを蹴《け》るのか」「タックルされるとどうなるのか」といった素朴な疑問を中心に、ゲームの「肝」となるポイントを説明しよう。

多くの人が「難しい」「わかりにくい」と思っているラグビーのルールも、この「肝」がわかれば、実はそれほど難しいものではないことがわかってくる。

だいいち、僕も含めてラグビー選手のすべてが、ルールを勉強してからプレーを始めたわけではない。みんな、ボールを持って走ったり、タックルしたりするのが面白くてラグビーを始めたのだ。だから、「難しいのでは」と、勝手にハードルを上げる必要はまったくない。

最初に覚えて欲しいことは、たったふたつだけ。

第一に、ラグビーはボールを持った人が一番先頭にいるということ。第二に、立っている人しかプレーできないということだ。

ラグビーは、ボールを持って走り、相手に倒されたら、後ろからきたチームメイトのサポートを受けてボールを継続し、トライを奪うゲームだ。

つまり、ボールを持つ選手が主人公であって、ルールも、ボールを持った選手が常にチームの先頭にいることを求めている。

前にいる味方にパスできない（スローフォワード）のはそのためだ。主人公より前に出てプレーすることが禁じられているのだ。ボールを前に落とす（ノックオン）とそこで攻撃を止められるのも、基本的にはこの競技がボールを「持って」走る競技だからだ。

そして、タックルされて倒れた人、タックルして膝《ひざ》をついた人、グラウンドに寝ている人はプレーすることができない。立っていないからだ。

そんな非常にシンプルな原理・原則だけ頭に入れて、さらに深くラグビーの面白さを追求してみよう。

なぜパスを放るのか

ラグビーでは、前にいる選手にパスを放ることはできない。スローフォワードという

「軽い反則」があるからだ。

ラグビーには、スローフォワードのようなミスに起因する「軽い反則」と、ラグビー精神に関係する「重い反則」がある。

「軽い反則」は、スローフォワードのほかに、ノックオンなど、ハンドリングエラーが原因で起こるケースが多い。一方、「重い反則」は、オフサイドや相手のプレーの妨害、危険なプレーなど、ラグビー選手たちが守るべき「約束」を破ったときに起こるものだ。この「約束」については後述するが、まずはラグビーには「軽い反則」と「重い反則」があって、「軽い反則」を代表するのがこのスローフォワードだと理解しておいて欲しい。

話を戻すと、ボールを前に投げることができないために、ボールを持った選手は前へ走りながら、真横よりも後方にパスせざるを得ない。

その瞬間に、パスを受けた選手が相手にタックルされたら、ボールの位置は、パスを放る前より後ろに下げられる可能性が高い。

パスには、こういう〝損〟になるリスクがある。

なぜ、それでもパスを放るのか。

それは、パスを捕った選手が、パスを放った選手よりもより良い状況になるだろうと、判断できるからだ。

逆に言えば、パスを受けた選手がその瞬間に相手に捕まるような状況ではパスをすべきではないし、ボールを持っている選手の前に相手が誰もいなければパスを放る必要もない。アタック側がふたり、ディフェンス側がひとり、という2対1の状況を思い浮かべて欲しい。

このとき、ディフェンス側の選手が、ボールを持っている選手目がけてタックルに入ろうとすれば、その隣にサポートに入ったアタック側の選手の前には誰もいないことになる。だから、ボールを持った選手は、十分に相手の注意を自分に引きつけてからパスを放つ。そうすれば、パスを受けた選手はそのまま一直線にゴールライン目がけて走ることになる（図Ⓐ参照）。

こういう状況が起こるのは、ゲームのなかではむしろレアケースで、通常は、相手のディフェンスが並んでいる状況でパスを放る。

たとえば、ラックからボールが出たときに、アタック側の選手が4人ラインに並んでボールを待つ。このときにディフェンスが3人であれば、テレビの実況アナウンサーが「余ったあああ！」と叫ぶ状況が生まれる。ひとりひとり順番にパスをまわして行けば、一番外側にいる4人目の前にはディフェンスがいない——つまり、人数的な優位（ラグビーではオーバーラップと言う）が生まれているのだ（図Ⓑ参照）。

ところが、このときに早く一番外側（ラグビー用語では「大外《おおそと》」とも言う）の選手にボールを渡そうと、アタック側が味方の選手を「飛ばして」パスを放ると（こういうパスを「飛ばしパス」と言う）、相手に意図を読まれることがある。相手が「飛ばされた」アタック側の選手をマークせず、横にずれて人数が揃ってしまう。

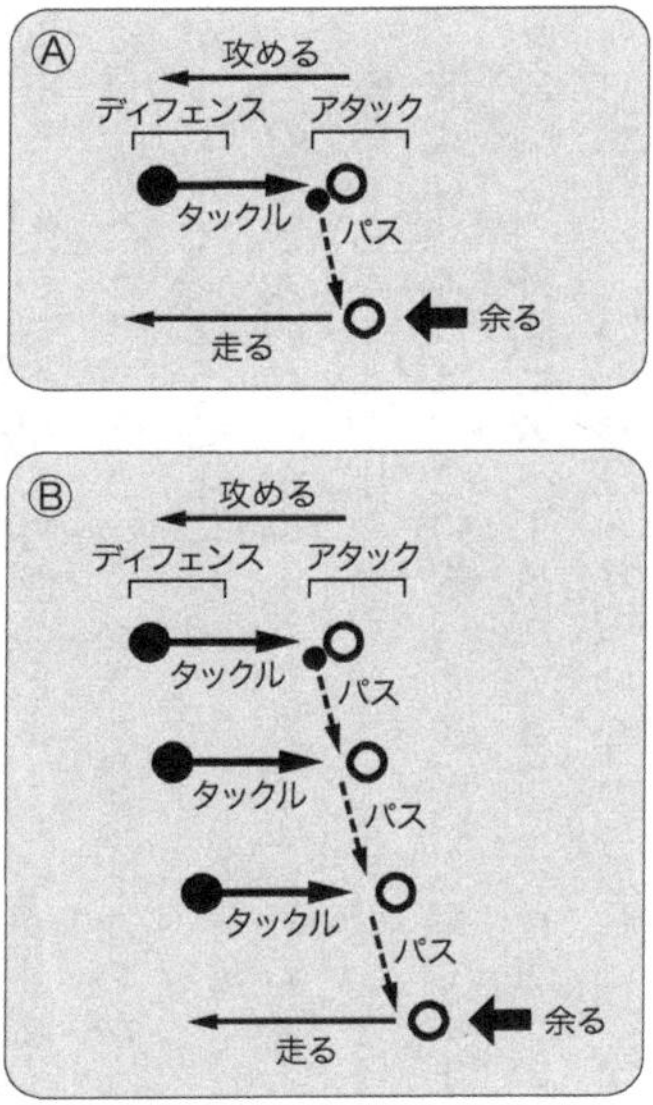

オーバーラップ

実際に試合を観戦していると、こういう場面をよく見かけると思う。

ひとりひとり順番に相手のマークを引きつけて早くパスを送ることは、簡単そうに見えて実は難しい。その間にミスが起こるリスクもある。だから、早く外側へとボールを送りたくなるのだが、ディフェンスの動きを慎重に見極めながら、どういうパスが効果的なのかを考えないと、せっかくのトライチャンスがつぶれてしまうことになる。

このとき大切なのが「スペース」という考え方だ。

密集からボールが出た時点で、一番外側の選手の前には大きなスペースが開けている。「飛ばしパス」は、このスペースにいち早くボールを送るための手段だ。でも、ディフェンス側も、外側にスペースができたことに気づいているから対応されやすい。

対照的に、ひとりひとり短いパスを放れば、ディフェンス側は外側のスペースを気にしつつも、目の前のアタック側の選手から目を離せない。つまり「足が止まる」ことになる。結果、大外の選手の前にあるスペースが、ずっと保存されていることになる。

このように、パスには空いているスペースにボールを送るためのパスと、相手の出足を止めながら、かつスペースを大事に保存しながらボールを動かすパスの2種類がある。

どちらのパスを使うにしても、基本は、パスを受けた選手が、受ける前よりも有利な状況に立てるように考えないと、有効なパスにはならない。

他にも、たとえば一度ほとんど真横にパスを出して、次の選手が角度をつけて深いパスを放るような、相手の目先を変えるためのパスもある。それから、目の前のディフェンスに、あえて強いランナーをぶつけるために放るパスもある。

もう少しわかりやすく言えば、アタックを有利に進めるための「種まき」のパスがあり、トライを奪うための「仕留め」のパスがある――と、考えてもらっていいだろう。

実際、「このパスでトライが生まれる！」と手応《てごた》えを感じて放るパスは、ゲームのなかでさほど多くない。むしろ、パスを続けることで攻撃を継続し、相手にプレッシャーをかけることを意図している場合の方が多い。種まきをたくさんして、それが実るのは何分の一といったところだ。

ラグビーは、もちろんパスだけでアタックが構成されているわけではない。

パスしなくても、誰も前にいなければ走ればいいし、ステップに自信があれば、目の前にディフェンスが立っていても、自慢のステップで抜くことでチャンスを広げられる。ただ、パスを何回も放ることで、パスというオプションを持っているとディフェンス側に思わせることができる。それが、パスではなくランを選択したときに効いてくる。あるいは、南アフリカ戦の立川選手みたいに、後半25分過ぎまで一度もパスを放らず、相手にこの選手はパスをしないと思わせたところで、とっておきのパスを放つような選択肢もある。

パスは、パスだけでアタックを完結させるために放るのではなく、その他のオプションを有効に使うためにも必要なスキルなのだ。

もっとも、観客席から見て、ひいきのチームが何回もパスを回しているのに、エリア（地域）がどんどん後退していくような場合は要注意だ。そういうときは、観客席で見ているファンにもなぜパスをしているのか意図があまり伝わらず、「どうしちゃったんだろう？」と心配になるだろう。

そんな「意図のないパス」を見抜くためにも、パスを受けた選手が有利な状況になっているかどうかは、大切な判断材料だ。

国代表の選手たちが競い合うワールドカップのような高いレベルの大会では、逆にパスが何回もつながるようなことが少ないかもしれない。パスしたら状況が良くなるか悪くなるかを判断できる選手が揃っているから、少しでもリスクを感じると、パスをせずにディフェンスに当たり、攻撃を継続しようとする。だから、たいてい多くてもパスが2回くらいしかつながらない。

でも、そういう試合でパスが3回つながるようなことがあれば——それはグッと身を乗り出したくなるような、エキサイティングなチャンスが訪れることを告げているのだ。

なぜキックを蹴るのか

キックは、大きく分けてふたつある。

ひとつは、エリアを獲得するためのキックだ。

このキックを蹴るのは、ラグビーに「陣取りゲーム」という側面があるからだ。

常に相手の陣地（敵陣）でゲームを進めれば、相手に反撃されるリスクが減るし、味方が得点するチャンスも増える。エリアを獲得するキックはそのために使われる。

ボールを敵陣に入れれば、たとえ次のプレーが相手ボールで再開されても、得点するまでに相手は長い距離をアタックし続けなければならない。その間にボールを奪えば、ゴールラインまでの距離が近いから味方のチャンスが膨らむ。

そういう状況を作り出すのが「陣取りゲーム」の考え方だ。

もうひとつが、コンテスタブルな、蹴ったボールを再獲得する意図で蹴るキックだ。

こちらは、高く蹴り上げる「ハイパント」や、ゴロで相手の背後にボールを転がす「グラバーキック」などがある。

これは、チームの戦術や、キッカーの特徴に応じて選択され、使われる。風上にいるのか風下にいるのかでも、どんなキックを使うかは変わってくる。風下からエリアをとる長いキックを蹴るのは難しいし、逆に風上にいれば、こういうキックが容易になる。

キックというオプションを選択する場合に、とても重要なファクターとなるのが、今チームがどういうエリアにいるのか、ということだ。

たとえば、ハイパントというオプションを考えてみよう。

このキックは、ボールを高く蹴り上げて相手と競り合い、たとえ相手に確保されてもそこでタックルしてラックを作り、防御からプレッシャーをかけることを意図している。つまり、滞空時間が長いために、ボールを再獲得できる可能性があるだけでなく、相手に確保されたとしても、相手の次のアタックに対して準備を整えやすい。そういうメリットがコンテスタブルなキックにはある。だから、蹴る地域が自《おの》ずと限られる。

自陣22メートルラインの内側からどんなに高くハイパントを蹴っても、相手とコンテストが起こる落下地点は、せいぜいハーフウェイライン付近だ。そこで相手にボールを獲得されれば、こちらはもう一度自分たちの陣地でディフェンスしなければならなくなるし、たとえ自分たちが獲得できたとしても、まだゴールラインまで50メートル近い距離がある。

そう考えると、この地域からのハイパントは、あまり選択されないことがわかってくる。

これが同じ自陣でも10メートルライン付近ならば、ハイパントを蹴って想定されるコンテストの地点が相手陣の10メートルライン付近になり、再獲得できればアタックのチャンスが広がるし、たとえ相手に捕られても、蹴り返してくれる可能性が高いので、今度はこちらがカウンターアタックから攻撃を仕掛けることができる。

ハーフウェイライン付近から、あまり攻め手がない時に、相手の22メートルライン手前に落下するように蹴ることができれば、相手はフェアキャッチで逃げることができず、再獲得すれば相手の防御陣形も乱れているからトライチャンスがふくらむ。相手に捕られても、タッチに逃れてくれれば、次のプレーをマイボールのラインアウトから始めることができる。

このように、キックは、単にそのキックを再獲得できるかどうかということだけではなく、相手に捕られた場合でも、次のプレーが自分たちに有利なプレーから始められるかどうかまで考えて選択されるのだ。

だから、どういう地域からどういうキックを蹴るかを注意深く見ていると、そのチームが何を考えてキックを使っているのかが見えてくる。

相手がどういう特色を持つチームなのかという情報も、キックを使う上では大切だ。

たとえばフィジーのように、お互いのシステムが少し崩れているアンストラクチャーと言われるカオス的状況で強みを発揮するチームには、しっかりタッチを切るようなキックを蹴らないとカウンターアタックを食らう可能性がある。最悪の場合は、そこまで遠くにボールを飛ばさなくても良いから、一度プレーを切って、相手ボールのラインアウトにする。こうしたチームは、カウンターアタックは得意だが、セットプレーからのアタックはさほど脅威ではないからだ。

逆に、南アフリカのようなセットプレーからのアタックを得意とするチームには、タッチに出ないようにボールを蹴って相手ボールのラインアウトを減らす。そうしたチームは、カウンターアタックがそれほど得意ではないので、相手が蹴り返してくれればこちら側にアタックのチャンスが訪れるし、マイボールのラインアウトにできるチャンスも増える。

これはキックに限らず、事前の準備についても言えることだが、相手が、ボールが静止した状態のセットプレーからプラン通りのアタックを得意とする「ストラクチャー型」のチームなのか、それとも個人技を使って、攻守のプランが崩れた状況からのアタックを得意とする「アンストラクチャー型」のチームなのかは、本当に大切な情報だ。ゲームのなかで、相手に強みを出させないためにセットプレーを増やした方がいいのか、それとも減らした方がいいのかが、この情報にかかっているからだ。

もうひとつ、コンテスタブルなキックを選択する場合は、その前のアタックがあまり上手《うま》くいかなかった場合が多く、それをキックで打開しようという意図が隠されていることがある。ディフェンスが発達した現代のラグビーでは、パスによるアタックだけでは防御をなかなか崩せないので、キックを使って相手の防御陣形を崩そうと試みるのだ。この辺りが、近年キックを使うチームが増えている背景にある。

もっとも、キックは精度を欠いてしまうと、相手にただボールを渡すだけに終わってしまう。

だから、正確に狙ったところにボールを落とす「精度」と、相手の陣形を見て「ここ」というときに蹴る「タイミング」、そして追いかける味方がきちんと反応して再獲得（または相手が捕った場合の防御）に走る「チェイス」の3要素が大切だと言われている。特に、昔から外側でボールを追う選手が「蹴れ」と指示したらキックを使えと言われているが、今でもそういう外側の「追う」選手からの指示は重要なファクターだ。

ジェイミー・ジョセフ ヘッドコーチ（ＨＣ）のもとで日本代表が取り組んでいるのも、こうした3要素を磨き上げたラグビーだ。

キックを巡る高度な読み合いや戦略とは別に、試合の最中にキックの蹴り合いが続くことがある。

たとえばキックの上手いスタンドオフがボールを蹴ると、そのまま蹴った位置にとどまって相手が蹴り返してきたボールに備える。そうして蹴り合いが始まるのだが、実はほとんどの選手が蹴り合いを続けようとは思っていない。どこかでカウンターアタックを仕掛けて大きなチャンスを作り出したいと考えているのだ。ところが——そういうときに誰かがサボっていると、アタックを仕掛ける人数が足りずに、結局蹴り返すことになる。

つまり、観戦していてキックの蹴り合いが延々と続くようなときは、両チームの選手のなかに、キッカーの後ろまで走って戻ることをサボっている選手がいることが多い。行ったり来たりするボールを眺めるよりも、そういう情報を頭の片隅に入れておいて、誰が戻るのをサボっているのか探してみるのも、案外面白い観戦法かもしれない。

それに、スコアでリードされているチームにそういうサボっている選手がいると、一選手として「はよ戻ってこい！」と腹が立つこともある。ボールがない状態でのハードワークは現代ラグビーではとても重要なのだ。

なぜ1対1で勝つとビッグチャンスにつながるのか

　このように、ラグビーには地域を取り合う「陣取りゲーム」の側面があるが、もうひとつ忘れて欲しくないのが、いかに人数を余らせるかという「人数ゲーム」の側面だ。

　たとえば、アタック側のウイングが相手を1対1で抜いたとする。そのとき、防御側の選手は、抜け出した選手を追って防御に戻る。フルバックも前に上がって、抜けてきた選手をタックルしようと待ち構える。

　この状況を考えると、抜かれた選手だけでなく、カバーディフェンスに戻る選手たちも必死にアタック側を止めようとする。この際、ディフェンスには多くの人数をかける。もし、タックルされて密集ができても、そのポイントの近くに多くのディフェンスが寄るので、他にスペースができ、次のフェイズでは、アタック側が人数的にも勢い的にも優位になる。

　だからといって、静止した状態から1対1の勝負を挑んで簡単に抜けるような場面は、レベルが高くなればなるほど滅多にない。そのためにはアタック側が意図的に有利な状況を作り出して、勢いを得ることが必要だ。ディフェンス側に不利な状況に追い込まれて、ボールキャリアが孤立して複数の相手に囲まれると、ピンチになる。

理想的には、ボールキャリアがその状況に応じて、適したスピードを出せる状態のときにパスが渡れば、そのままスピードに乗ってディフェンスに「勝負」を挑める。そのために、パスは受け手が走り込んで捕りやすいように「受け手の少し前方に投げる」ことが基本である。

ボールキャリアがいい状態でボールを受ければ、たとえ相手のタックラーを抜くことができなくても、有利な体勢でコンタクトできるから、ポイントからの次のアタックを仕掛けやすい。そこで突破できれば、ディフェンス側は対応せざるを得ず、先ほど述べた理想の展開になっていく。

逆に1対1で負けて、タックルで押し戻されるようなことがあると、今度はアタック側の選手がボールキャリアを助けに行かなければならなくなるので、アタックの人数が減ってしまう。だからこそ、1対1で勝つことが、攻撃側にも防御側にも重要なのである。

もうひとつ、パスを受けるときに、相手とどのくらいの距離でパスをもらいたいかという「間合い」の問題もある。

これは、選手によって好みの間合いが異なることが多く、僕は相手からある程度離れた、間合いのある状態でパスをもらうのが好きだった。相手に近い間合いでパスをもらうと、その瞬間にタックルされたら、そんなに身体が大きくない僕はコンタクトで負けてしまう。それよりも間合いのあるところでボールをもらい、少し動いてディフェンスの選手の視線を迷わせ、たとえば相手が内側を向いたら外側にパスをしよう――などと考えていた。あるいは、自分にタックルにきた選手が相手のフォワードだったら、少し足が遅いのでステップワークで抜こうと考えていた。

反対に相手に近い間合いでボールをもらうのが好きな選手もいて、その辺りは人それぞれだ。

ただ、大切なのは、パスを放る人間が、そうした受け手の好みをきちんとわかっていること。そのために、普段からどういうタイミングでボールが欲しいかを、しっかり伝え合うことが重要なのだ。

現代のラグビーは、ディフェンスが発達しているので、70メートルあるグラウンドの横幅を使ってボールを動かしても、なかなか有効なアタックに結びつきにくい。パスを受けた選手がコンタクトしてラック。そこからまたパスを受けてコンタクトしてラック。さらにまたラック……とフェイズが延々と続くことがあるが、こういう状態になると、なかななかトライは生まれにくい。そういうときに、1対1で抜けると、ゴールラインまで直線的に近づけるので有効なのである。今のラグビー中継などでよく聞く「オフロードパス」も、直線的にゴールに近づくためのアイデアだ。

これは、横に並んだディフェンダーの間に走り込んでコンタクトし、タックルを受けながら前に出て、そこに走り込んできた味方のサポートにボールを渡すプレーだ。ボールキャリアが、タックルを受けても倒れない強さを持っていることが前提で、ディフェンス側の選手が倒そうと寄ってきたすぐ横にできるスペースを利用する。成功すればそのままかなりゲイン（前進）できるのが最大のメリットで、そういうときはアタック側にビッグチャンスが訪れる。

一方で、タックルを受けながら短いパスを通そうとするために、ボールを片手で持つ場合が多く、そこでノックオンやスローフォワードといったハンドリングエラーが起きたり、相手にボールを奪われる場合もある。アタック側のサポート選手が、オフロードする意図に気づかず、あわててボールを落とす場合もある。

だから、そうしたリスクがあることを織り込んで、どこで使うのかチームで意図を共有しておくことが重要だ。リスクを取りにいく分、成功したときの恩恵は大きい。

ボールを横に動かすのではなく、変化をつけてゴールラインに向かって直線的に仕掛ければ、トライチャンスに結びつく可能性が高い。だからこそ、1対1で抜け出した場面や、オフロードパスが成功した場面で、スタンドのボルテージが上がるのだ。

そして、そのために事前に相手のディフェンスのどこが弱いかを分析し、「ここがオフロードに弱いね」とか、「ここにこういう勢いでボールを運べば突破できる可能性が高いね」と、情報を共有しておくのだ。

タックルのあと、グラウンドでは何が起こっているのか

タックルは、痛い。

厳しいタックルを受けると打撲みたいな痛みを腰や太ももに感じるし、地面に倒されるのも痛い。タックルされると、あまりいいことはない――というのが、僕の率直な感想だ。

特に、「ホスピタル・パス（受けた選手が病院送りになるようなタイミングの悪いパス）」を受けた瞬間や、キックをキャッチした瞬間にタックルに入られると、これはもう本当に痛い。それでも、「このタイミングで捕ればタックルされるな」とわかっていても、

ボールから逃げるわけにはいかないので、痛みを覚悟でキャッチする。

もちろん、タックルはする方も痛い。

トップスピードで走ってくる相手の腰や太ももを目がけて入るわけだから、膝が顔に当たることだってある。ただ、タックルは、最初から低い姿勢で構えていると、相手が低いタックルにくることを察して対応するから、普通の姿勢から瞬間的に低くなって入るのがコツ。相手に簡単に予測されないようにすることが重要である。

僕自身の経験を振り返れば、高校時代は、相手の膝に後頭部をさらす「逆ヘッド」は脳しんとうのリスクが高いので気をつけて、あとは自分たちでタックルのやり方を工夫していた。実戦での足の運び方や、バインド（タックルの際に相手をしっかり抱えること）の仕方をきちんと教わったのは、東芝ブレイブルーパスに入ってからだった。特に、足をできるだけ相手に近づけて、飛び込むような動作にならないようにすることは徹底して教えられた。

身体の大きさによっても、タックルのスキルは変わってくる。

大柄な選手は、わざわざ低く構えてタックルに入るよりも、相手が持っているボールを目がけてタックルに入る方が効果的だし、逆に僕のような小柄な選手は、低くタックルに入らないと相手を倒せない。チームにはそれぞれどういうタックルをするのかルールがあるが、それを踏まえれば、あとは各自の個性に合ったやり方でタックルした方がいい。タックルの最終目的は、きれいなタックルで相手を倒すことではなく、相手のアタックを阻止してボールを奪い返すことだ。つまり、相手を止めて、アタックのテンポを遅らせるという目的を果たせれば、やり方は人それぞれでいいと思うのだ。

問題は、そのあとのブレイクダウン（タックル後のボール争奪戦）だ。

ラックに巻き込まれれば、息苦しいことや踏まれて痛いこともある。

タックルしたりされたりした直後に起き上がり、ふたたびプレーできる状態になることを「リロード」と呼び、エディー・ジョーンズさんのジャパンでは早くリロードすることが求められた。

僕たちには「フィフティーン・オン・フィート」という合い言葉があり、15人がすぐに立ち上がってプレーできる状態になることを目指していた。

ラックの下で倒れたまま「寝ている」と、少しサボれる。

相手をはねのけてすぐに立ち上がる方が、ずっと体力を使う。でも、そうしなければディフェンスでもオフェンスでも人数が足りなくなる。だから早くリロードする必要があるし、そもそも必要以上にラックに巻き込まれないようにすることが求められる。

ＴＭＯ（テレビジョン・マッチ・オフィシャル）が導入される以前は、ラックのなかで倒れている選手を踏むような行為も多かった。言うまでもなく、これは前述の「軽い反則」と「重い反則」のうち「重い反則」だ。ラックのなかでは手が使えず、ボールを足で掻《か》き出すことがルールで決められているが、ボールといっしょに倒れている選手まで足で掻き出そうとする選手がいた。

今はＴＭＯが普及し、ビデオで危険なプレーや不正なプレーが厳しく取り締まられるので、以前に比べれば、踏まれたり、足で掻き出されることは少なくなった。

僕がタックルで倒されたときにまず考えるのは、次のアタックのために早く味方にボールを見せることと、ボールを奪いに来る相手からどう守るか、ということだった。

逆に僕がタックルしたときには、その場にいつまでも倒れていると、相手のボール出しを妨げたとして反則を取られる可能性があるので、早くどこうと考える。もしくは、いい体勢でタックルできてすぐに起き上がれそうなら、そのまま立ち上がって相手のボールを奪いにいく。

いずれにしても、すぐに起き上がることが、タックルした場合の基本だ。

その際、自分の身を守ろうとはほとんど考えない。味方の選手たちに迷惑をかけないように、あるいは状況が不利にならないように——と、それだけを考えている。

タックルに入るときも同様で、自分が腰が引けて弱いタックルに入ってしまったら、自分が抜かれるだけではなく、チームメイトがその分をカバーしなければならなくなる。結果的に、仲間に余計な負担をかけるし、チームも劣勢に立たされる。

そういう迷惑をかけたくない、というのがピッチ上にいる選手たちのマインドだ。

ある意味、相手にタックルに入るよりも、自分が弱みを見せてチームメイトからの信頼を失う方が、ずっとずっと怖いし、自分のタックルによって仲間を助けたいと心底思う。だから、迷わずにタックルに入れるのだ。

サポートする側から見ても、思い切りタックルに入って相手に弾《はじ》き飛ばされたのなら、とっさに「よっしゃ、助けてやる！」という気持ちになるが、弱い姿勢でタックルに入ったり、タックルを怖がっていると感じられると、とたんに気持ちが冷める。

ラグビーはそういう信頼関係が土台にあるから、信頼を裏切らないように、みんなが身体を張るのだ。

そうやってタックルが成立したからといって、選手たちが気を抜くことはない。

前にも述べたように、ラグビーには人数ゲームの側面がある。だから、早く立ち上がってプレーに参加できる状態になった選手が多ければ多いほど、チームは有利になる。そのためにも、早く起き上がってプレーに戻らなければならない。

こういうことを頭に入れておけば、観戦するときに、どちらのチームに立ってプレーできる状態の選手が多いのかを確認したり、密集のなかに倒れている人数がどちらのチームに多いかを見たりすれば、試合の流れがどちらに傾きつつあるのか理解できるようになる。

サボっている選手がいるチームは、人数が少ない分、攻める方向も限られてくる。

たとえばグラウンドの真ん中辺りで密集ができたとき、一つ前のポイントに入っていた選手がゆっくりと立ち上がってどちらかのサイドにポジショニングしたら、僕はそのサイドのアタックはないと判断して反対側のディフェンスに意識を集中する。ゆっくり起き上がった選手たちには、アタックに備える姿勢が見られないからだ。

逆に、複数の選手が素早く起き上がってポジショニングすると、ディフェンス側はどちらを攻めてくるのか的を絞ることができず、アタック側が有利になる。トライが生まれやすいのも、こういうときだ。すぐに起き上がることが、味方の選手にいい影響を与え、次、あるいはその次のアタックにもいい影響を与えるのだ。

このように、密集ができたときに、その外側の人数や、そこから起き上がってくる選手たちに注目すると、これまでとは違った見方でラグビーを楽しめるようになる。

ぜひ、試してもらいたい。

ボール争奪の原則、キーワードはふたつ

タックルを、したりされたりした直後にすぐ起き上がろうとする背景には、最初に記したように、立っている選手しかプレーできない、つまり、「寝ている（地面に倒れている）選手はボールに触ってはならない」というルールが、ラグビーにはあるからだ。

「寝ている／倒れている」というのは、必ずしも地面に寝そべった状態を指すのではない。膝を地面についた瞬間に、「倒れている」と見なされる。スーパーラグビーなどで、海外のレフェリーが「On your feet」つまり「（自分の足で）立ちなさい」と注意を繰り返すのはそのためだ。

だから、タックルが起こったときにはボールキャリア（タックルされた選手）も、タッ

クラー（タックルした選手）もボールから手を放し、いち早く起き上がり、自立することが求められる。

「タックラー・ノット・リリース」という言葉もよく聞くが、これは、ボールを地面に置いて自分の足で立ち上がろうとするボールキャリアを、タックラーがつかんで離さない行為に対する反則で、正当にプレーに戻ろうとする選手を妨害したことに対して罰が与えられるわけだ。

そうやってタックラーとボールキャリアが自立しようともがいているとき、地面に置かれたボールに触ることができるのは、タックルが起こった地点に一番初めに駆けつけた選手（アライビング・プレーヤー）だけだ。

ただ、アライビング・プレーヤーも、駆けつけてきた相手に身体をつかまれて「ラック」が成立すると、ボールから手を放さなければならない。ラックは、ボール争奪局面と見なされているから、今度は相手を押し込み、ボールを越えて足で掻き出さなければならない。

これが「ブレイクダウン」と呼ばれる「タックル後のボール争奪局面」の簡単な解説だ。

「ラグビーはルールが難しい」とか「わかりにくい」と言われるのは、このブレイクダウンで状況が刻一刻と変わり、それに応じて手を使えるようになったり使えなくなったりすることも、原因のひとつではないかと思う。

思い切り乱暴に簡素化して言えば、ボールキャリアとタックラーは、タックルが成立して膝をついた瞬間に何もないものになると考えてもいいかもしれない。だから、地面にはボールが一個置かれているだけ、みたいなイメージだ。そう考えれば、アライビング・プレーヤーが、このボールを手で拾い上げてもオーケーだということがわかってもらえると思う。

実際のゲームのなかでは、タックルされた選手は、頭ではボールを放さなければならないことを理解しているが、相手のアライビング・プレーヤーにボールを奪われると、その時点で自分たちのアタックが終わるから、何とかボールを守り、より味方に近い位置にボールを置こうともがく。それを、アライビング・プレーヤーが、上からふたをするように押さえつけてボールを奪い取ろうとする。

この、タックルされた選手が地面に置こうとしているボールを、防御側の選手が奪う行為が「ジャッカル」だ。

このときレフェリーが、アライビング・プレーヤーがきちんと自分の足で立ってボールを獲得していることを認め、タックルされた選手がボールから手を放さずに抵抗していると判断すれば、長い笛を吹いて「ノット・リリース・ザ・ボール」の罰則を科す。

つまり、放さなければいけないボールをいつまでも放さなかったことに対してペナライズする（罰則を科す）わけだ。

ところが、アライビング・プレーヤーがジャッカルしようとしているところにアタック側の選手が駆けつけて、ジャッカルしようとしている選手の身体をつかみ、スクラムのように組み合った状態に持ち込めば、そこで「ラック」が成立する。そうすると、今度はジャッカルしようとしている選手がボールから手を放さなければならない。スクラムのなかで手でボールを扱えないのと同様に、ラックのなかでは手でボールを扱えないからだ。

レフェリーは、「Ruck, hands off」や「Hands off」つまり、「ラックができたから手を放しなさい」とジャッカルしている選手に呼びかけるが、それでも手を放さないと「ハンド」（正確にはハンズ・イン・ラック）の罰則を科せられる。

僕にはこのルールが、タックルが起こったところに最初に駆けつけたプレーヤーにはある程度自由にボールを手で扱うことを認めるが、相手が駆けつけて組み合うようになると、今度はコンテストを楽しみなさいと、推奨しているように思えるのだ。

実際のピッチ上では、これまでに説明したようなことが一瞬のうちに起こる。ジャッカルが成功して防御側がボールを奪う（ターンオーバーする）のが早いか、それともアタック側の選手が駆けつけてラックに持ち込むのが早いか――レフェリーはそれを見極めて判断する。レフェリーが、ブレイクダウンのときに大きな声で選手たちに呼びかけるのは、刻一刻と変わる状況を選手たちに伝えるためだ。

だから、選手たちもその指示に従うのだが、実際にはジャッカルしているプレーヤーには「よっしゃ、ボールを奪った」という手応えがあるし、ジャッカルした選手と組み合ったアタック側の選手には「ラックが成立したぞ」という手応えがあるから、どうしても解釈が食い違うことがある。

笛が鳴ったあとに、選手がレフェリーに話しかける場面が多いのは、レフェリーが状況をどう判断したのかを訊《たず》ねるため、と考えてもらっていいだろう。ほとんどの場合は、クレームではなく、選手たちが、レフェリーの判断基準を確認しているのだ。

このようにブレイクダウンは、実際にプレーしている選手たちでさえ「オレの方が早かった」「いや、こっちの方が早かった」と判断が分かれるくらいなのだから、スタンドから見ている観客には確かにわかりにくい。

けれども、理解するためのキーワードは意外とシンプルだ。

それが「自立」、つまり自分の両足できちんと立っていることと、「組み合ったら手でボールを触れない」というふたつだ。

これだけ覚えておけば、反則があったときに、「今は自立できていなかったんだな」とか、「組み合ったのに（ラックができたのに）ボールに触っちゃったんだな」と、納得できるようになるだろう。少なくとも、「今、いったい何が起こったの？」と、混乱するようなことはなくなると思う。

ただ、気をつけてもらいたいのが、倒れている味方選手の身体に自分の膝が触れてしまうと、地面に膝をついたと判断される、ということ。何しろ倒れた選手は何もないものだから、そこに膝が触れたら地面に膝がついたのと同じことになるのだ。

ジャッカルに入った選手が反則を取られて、「え？　ちゃんと自立していたよ」とレフエリーにアピールしている場面が実際のゲームでときどき現れる。そういうときは、知らないうちに膝が、倒れている味方選手の身体に触れてしまった可能性が高い。そういう意味でも、倒れた選手は、すぐに起き上がってプレーできる状態に戻る必要があるのだ。

密集戦の反則はどういうときに起こるのか

ブレイクダウンで何も反則が起こらずに両チームの選手がボールの上で組み合うと、ラックが成立する。これはスクラムと同じ扱いだから、ラックのなかにある間は誰もボールを手で扱うことができない——というのは、前に説明した通りだ。

しかし、プレーヤーが注意すべき点はまだたくさんある。

ひとつが、ラックのなかで倒れているタックルした選手は、速やかにラックから「転退（ロール・アウェー）しなければならない」ということだ。これには、ボール争奪への妨害を防ぐと同時に、ボールが速やかに動くことを邪魔することも許されないからである。

ゲームのなかで、ラックの下敷きになった選手が抜け出そうにも抜け出せなくて、地面に倒れたまま両手をバンザイみたいな形に広げて「今ラックから脱出しようとしている」とアピールしている場面を、ときどき見る。これは、抜け出す努力をしているというアピールであると同時に、ボールに触れる意思がないこともアピールしているのだ。

こうした状況を別にすれば、ラックのなかに倒れている選手は、すぐにラックから「転退」しなければならない。いつまでも倒れたままで、ラックから出そうなボールの邪魔になると、ラックからのアタックを妨害したとして「ノット・ロール・アウェー」の反則を取られる。

あるいは、相手側のボール奪取を邪魔するように倒れ込んでしまうと、「オーバー・ザ・トップ（倒れ込み）」の反則となる。

以上のように、ラックが成立するところで生じる可能性のある反則に加えて、ラックが成立したあとに起こる反則は他にもある。

それが、ラックに真後ろから入らなかったプレーヤーのオフサイドだ。

ラックができたときには、参加するプレーヤーは最後尾から「まっすぐ」に入らなければならないとルールに定められている。つまり、横からラックに加わることが禁止されているのだ。

実際の試合では、明らかに横の位置からラックに入ろうとするような選手は滅多にいない。それよりも、ボールを味方に出そうと押し合うなかで膝をついたり、相手にラックの外に押し出された選手が、あわててもう一度ラックに加わろうとして、ついショートカットしてしまい、最後尾に戻らないままラックに入ってしまうような場合に、このオフサイドが起こりやすい。

このルールも「ボールを正当に奪い合う」というラグビーの理念からきている。

これは、ボールが地面に置かれていない状態で、両チームの選手たちが腕力で奪い合う「モール」でも同様だ。

では、ラックができたときに、ラックに参加していない選手たちは、どこにポジショニングすればいいのか。彼らは、ラックの最後尾にいる味方選手の「かかと」の位置より前に出ることができない。そのかかとの位置が、ここから前に出てはプレーができない「オフサイドライン」になるのだ。


こうした反則をきちんと理解するのも大切だが、なぜそのプレーが反則になるかという原理を理解すれば、細かい反則の名前を覚えるよりも、今何が起こって、何が問題となっているのかを知る手助けとなる。

それが、以下の4つの原則だ。
(1) ボール争奪に参加する選手は常に「自立」していなければならない
(2) 争奪戦は「正当」に行なわれなければならない
(3) 争奪戦にはボール（チーム）の真後ろからまっすぐに入らなければならない

（4）相手が獲得したボールを妨害してはならない

これらは基本原則であるため、破ると「重い反則」とされる。その原則を定めたものが「ラグビー憲章」だ。

「ラグビー憲章」では、〈品位、情熱、結束、規律、尊重〉という5つの項目が出てくる。この最初の「品位」こそがラガーマンにとって一番重要だ。

ラグビーは防具をつけずに体と体をぶつけあう競技である。相手にケガをさせてしまうこともある危険なスポーツだ。だからこそ、お互いにこの原則を守りあい、卑怯《ひきょう》なことはしない。誠実さとフェアプレー精神が重要なのだ。

この原則を知って、ラックとは自立した状態で、ボールよりも後方から、正しい手段でボールを奪いあうプレーであって、それ以外の行為は反則とされる――と覚えておけば、観戦するのにかなり役立つのではないかと、僕は思う。

ブレイクダウンのもうひとつの見方

以上が、ブレイクダウンからラックが成立する過程と、そこで起こる反則の説明だが、僕がコーチや解説者といった立場でラグビーを見るときは、注目しているポイントがある。

それは、タックルが起こってから、次のアタックのためのボールが出てくるまで、どのくらいの「時間」がかかるか、というポイントだ。

タックルが起こったときにアタック側のチームが考えることは、早くラックからボールを出して次のアタックに移りたいということ。対照的にディフェンス側は、なるべくボールが出るタイミングを遅らせて、その間に防御陣形を整えたい。

アタック側は「クイック・ボール」を、ディフェンス側は「スロー・ボール」を欲しがるのだ。

たとえば、今、あなたのひいきチームがアタックしているとしよう。

そのとき、ディフェンスに捕まっても、素早く次のアタックに移行できるようなクイック・ボールが連続して出てくるようなら、そのアタックは有望だ。さらに、選手が大きく前進したところでブレイクダウンになって、そこから早いタイミングでボールが出れば、トライチャンスが大きくふくらむ。

逆に、ボールキャリアがタックルされたときに、ディフェンス側の選手の方が早くブレイクダウンに駆けつけて、アタックを継続するのに苦労しているようなら、ちょっと雲行きは怪しい。

よく「テンポのいいアタック」という言葉を聞くが、これはクイック・ボールが連続して出てくるようなアタックを指している。そういう「時間」に注意するだけでも、観戦がより味わい深くなる。コーチをしているときは「アタックのときにクイック・ボールが何%くらい出てくるか」「ディフェンスのときに、相手のアタックをどのくらいの割合でスロー・ボールにできているか」をチェックしていた。

ブレイクダウンに何人が関わるか、「人数」に注目するのも面白い。

ディフェンス側が相手のアタックを遅らせ、あわよくばボールをターンオーバーしようと、ブレイクダウンに選手が集まるときがある。この場合は、そのままスロー・ボールにできたり、ターンオーバーできれば成功だが、人数をかけたところで相手にボールを出されると、今度は外側を守る人数が少なくなるからピンチになる。

たとえばブレイクダウンにディフェンス側の選手が3人も入ってしまうと、後ろに控えるスクラムハーフを含めて4人がブレイクダウン周辺にいるので、次のディフェンスに参加できる選手はたったの11人に減ってしまう。後ろのスペースも見ないといけないので、実質9人ぐらいになる。だから、どういう状況なら相手ボールを「奪える」と判断するのか、その基準がとても大事なのだ。「奪える」と判断してその通りになればナイスプレーだが、逆に相手に出されれば大ピンチになる。

これは、チームでどういう状況なら奪いに行くかという、基本的なルールが決められていることが多い。もちろん、奪いに行く選手のスキルが高ければ、奪える確率は上がる。

タッチライン際のような外側で起こったブレイクダウンも、相手のサポートが遅れがちになるので、奪いに行くチャンスだと言える。もしボールを取れなかったとしても、アタックできる方向は基本的には一つしかないので、ディフェンスとしては、思い切ってラインスピードをあげられる。

逆に、フィールドの真ん中で起こったブレイクダウンは、相手が右側にも左側にも攻められるので、対応するためになるべく人数を割きたくない。つまり、グラウンドの真ん中かそれとも端っこかという地域によっても、判断が違ってくるのだ。

もちろん、アタック側にも同じことが言える。ブレイクダウンに人数を割けば、次のアタックに参加できる選手の人数が減ることになる。

こういう判断を的確に下せる選手が揃ったチームは強い——というのが、僕の実感だ。

ちなみに、一切リスクを考えなければという条件付きで言えば、僕は自陣22メートルラ

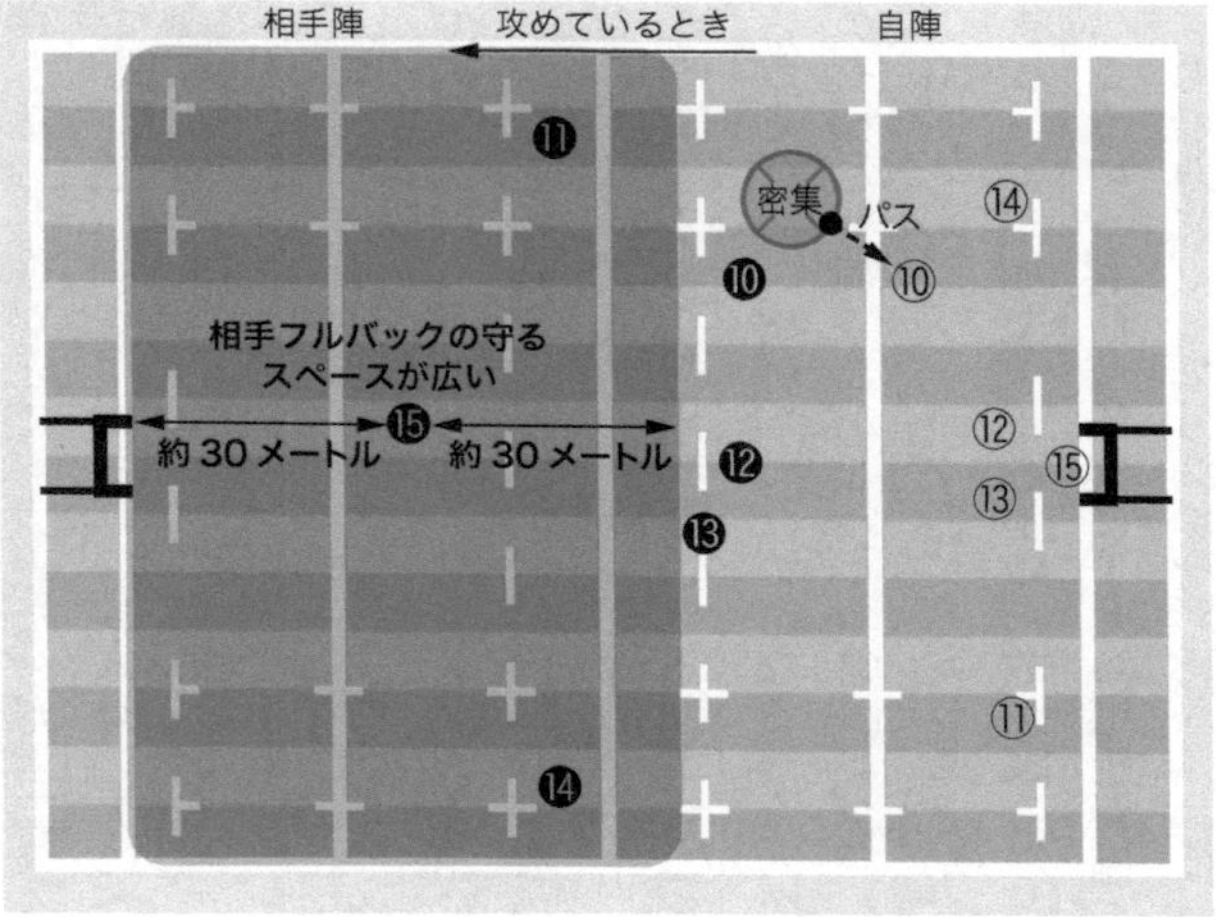

相手フルバックの守るスペース

イン付近がアタックを仕掛けるのに一番面白い地域だと考えている。

僕が22メートルライン付近でボールを持ったとき、ディフェンス側のフルバックはたいてい相手陣の真ん中付近にいる。つまり、彼の背後には30メートル近いスペースがある上に、ひとりで広範囲のエリアを守らなければならない（図参照）。ウイングも、キックを蹴られることを警戒して下がっているので、前に並ぶディフェンスラインの人数も少なくなっている。つまり、攻めるスペースがけっこう見えるのだ。

逆に相手のゴール前5メートルだと、一見すぐにトライを奪えそうに見えるが、相手はキックをさほど警戒せず、横一列にな

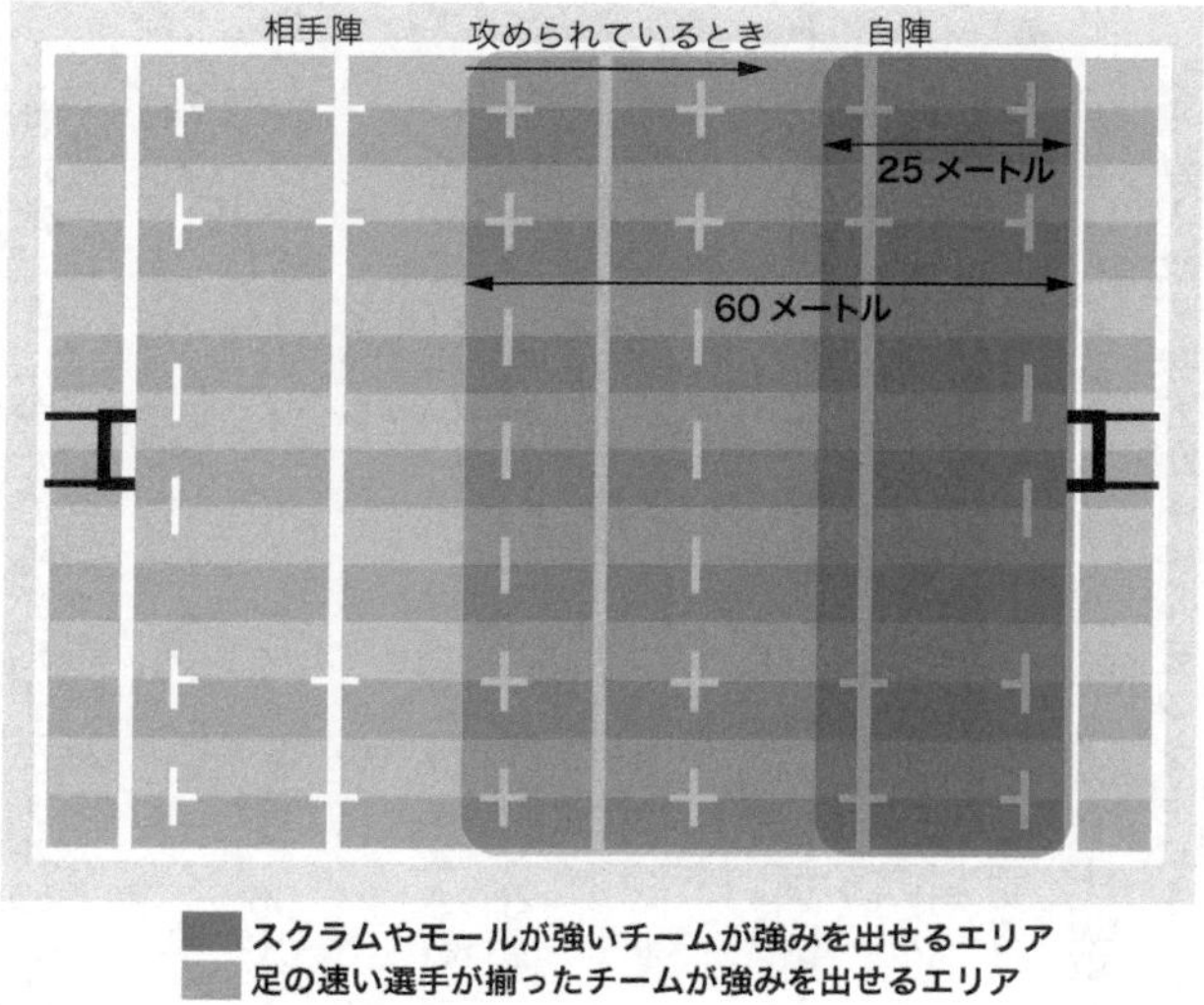

攻めるレンジ

ってアタック側にプレッシャーをかけられる。もちろん、フォワードの強さが上回っていれば力でトライを奪うことが可能だが、実力が拮抗《きっこう》した試合では、そう簡単にはことが運ばない。つまり、ゴールラインを間近にした攻防は、案外トライになりにくいのだ。

さらに、チームの得点パターンによっても、「攻めるレンジ（範囲）」は違ってくる。フォワードが強くて、スクラムやモールを押し込んでトライを奪うことが得意な、たとえばヤマハ発動機ジュビロのようなチームのレンジは、だいたいゴールラインから25メートルくらいの範囲だ。だから、ヤマハと戦うときには、とにかく自陣で相手ボールのスクラム、ラインアウトにならないように気をつける。

あるいは、パナソニック ワイルドナイツのように、バックスに足が速い選手が揃っているようなチームは、ゴールラインまで50メートルから60メートルくらい距離があっても、一気にトライを取る力がある。だから、パナソニックと戦う前は、自陣からどう脱出するプランを立てればいいのかけっこう悩まされる。そういう、ひいきチームの特徴や得点に至る「レンジ」を頭の隅に入れて観戦すると、ワクワクする場面を予測できて、さらにラグビーが面白くなると思う。

中世からの伝統を受け継ぐ「セットプレー」

ラグビーでは、ノックオンやスローフォワードのような「軽い反則」が起こるとプレーが止まり、「スクラム」でプレーが再開する。あるいは、ボールがタッチラインから外に出たときは、「ラインアウト」からプレーが再開する。

サッカーは、味方がボールをコントロールしやすい（プレッシャーの薄い）ところに投げ入れられるが、ラグビーは、両チームのフォワードが並んだ真ん中にボールを投げ入れて、「ラインアウト」というコンテストをする。スクラムも、反則しなかったチームに無条件にボールが与えられるわけではない。与えられるのは、あくまでもスクラムにボールを投入する権利であって、そのあとのコンテスト次第では、相手に押し込まれてボールを奪われることも起こり得る。

これまでに説明したブレイクダウンもそうだが、このようにラグビーは、相手とボールを奪い合う「コンテスト」を競技のアイデンティティにしているのだ。

なぜ、ラグビーは、それほどコンテストを大切にするのか。

答えは、ラグビーの原型と言われる昔の「フットボール」に起源があるように思う。

フットボールは、今ではサッカーを指す言葉として世界に広がっているが、もともとは中世の英国で行なわれていた「村祭り」のようなゲームだった。

現在のような統一されたルールはなく、行なわれる村や地域によって、どうなったら勝敗がつくかといった程度の、ゆるやかなルールしかなかった。チームの人数も、村の男たちをふたつに分けて行なうのが通常だったから、15人とか11人といった少ない人数ではなく、何百人単位、何千人単位で、今のように何人と規定されていなかった。

もちろんまだ競技場がない時代の村祭りみたいなゲームだから、フィールドは村全体で、たとえば、川のなかにボールを投げ込んで流れを利用してゴールに近づくような〝戦法〟もあった。要するに、「何でもあり」のゲームだったのだ。

19世紀に、フットボールがパブリックスクールや大学などで行なわれるようになると、それぞれの学校で独自にルールが作られた。さらに鉄道が発達して学校間の行き来が便利になると、対抗戦が行なわれるようになる。そうなると、学校によってまったくルールの違うフットボールが行なわれていたのでは対戦に不便なため、共通のルールでプレーする必要性が生じ、初めて全国的な統一ルールを作る動きが生まれた。

その過程で、1863年に手の使用を認めないアソシエーション式の統一ルールによるフットボール（今のサッカー）が生まれ、それから8年後の1871年にラグビー校式の統一ルールによるフットボール（今のラグビー）が生まれた。

実は、統一ルールを決める最初の段階では、主要なチームが参加していっしょに議論を進めていたが、ボールを手で扱うことで起こるコンテスト（当時は細かいルールが未整備で乱暴で危険だった）を嫌ったグループが、試合中に常にボールがどこにあるのかをわかるようにするため手の使用を禁じる提案をして、それに賛成するグループと反対するグループの真っ二つに分かれた。そして、前者がサッカー、後者がラグビーとなる。つまり、コンテストは、最初にラグビーのルールを定めたときに大切に守った伝統だったのである。

スクラムやラインアウトは、そうした伝統を受け継いで、ゲーム再開の手段として行なわれるようになった。だから、スクラムもラインアウトも、ボールを投入する際には、両チームの真ん中に投げ入れて、コンテストをする。また、そうすることで、ボールのある位置がチームの先頭であるという原則も貫くことができた。真ん中に投入すれば、そこがどちらのチームにとっても先頭になるからだ。この原則に反して、味方に有利なように投入すると「ノット・ストレート」の反則となる。こうして生まれたセットプレーが、現代のラグビーでは、非常に重要な攻守の起点となっている。

スクラムとラインアウトのどちらがアタックを仕掛けやすいか

ラグビーのオフサイドは、チームから離れて（つまりボールの位置よりも前に出て）、プレーすることを禁じるルールだが、この原則はセットプレーでも適用される。

ボールの位置は、スクラムならば組み合っている両チームのフォワードの最後尾の「かかと」の位置と、ラインアウトならば1メートルの間隔を空けて並んだ両チームのフォワードの真ん中、つまりスロワーが立っている位置からゴールラインに平行な架空の線上と決められている。ところが、実際のゲームでは、スクラムのときは「かかと」の位置からさらに5メートル後方に、ラインアウトの場合はもっと下がって10メートル後方に、オフサイドラインが設定されている。コンテストに参加していないプレーヤーは、その線よりも前でプレーすることができない。

なぜ、こんな規定が生まれたかというと、これはディフェンス側の立ち位置を下げることで、アタック側が有利に攻撃を仕掛けられるようにするためだ。

実は、僕が大学でラグビーをやっていた当時は、まだスクラムのオフサイドラインが「かかとの位置」だったので、アタックを仕掛けるときは、ディフェンス側から強いプレッシャーを受けた。だから、オフサイドラインが5メートル後方に下がったことで、アタックをしやすくなったのは実感としてわかる。

もちろん、ルールが変われば、ディフェンス・システムも対応する。だから、両チームの選手がきちんと定位置についたセットプレーからトライを取るのは、決して容易なことではない。それでも、自分たちが準備したアタックを仕掛けられるという意味で、セット

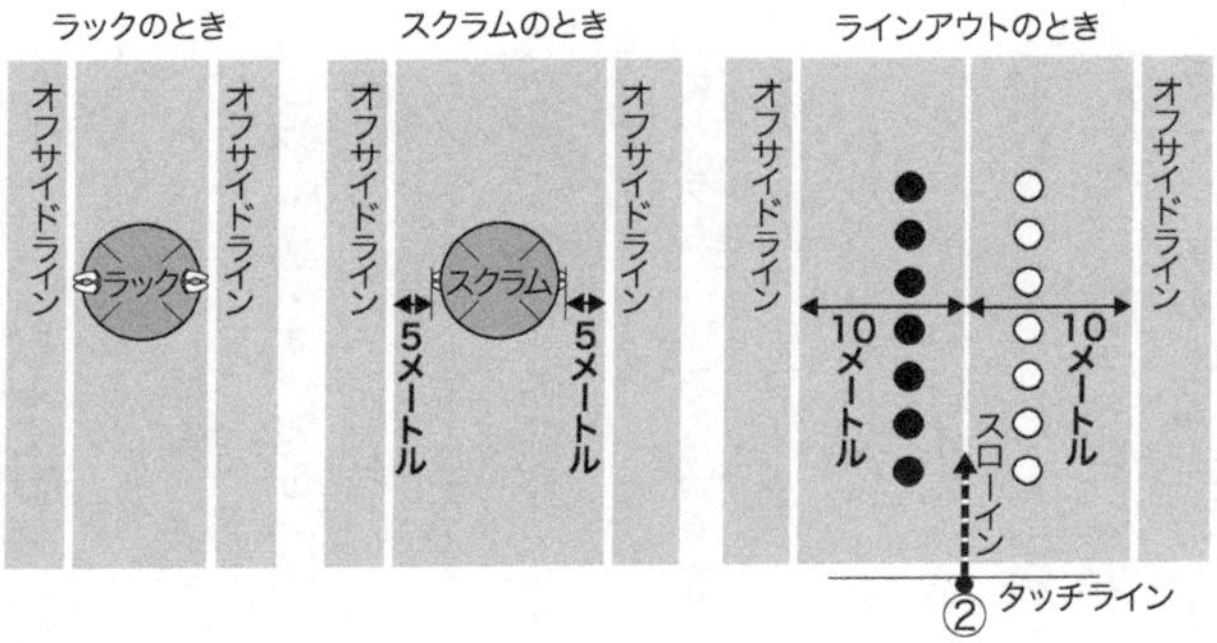

オフサイドライン

プレーは重要な起点なのである。

僕は、ラインアウトよりもスクラムからの方がアタックを仕掛けやすいと考えている。

スペースだけを見れば、ラインアウトの方が相手と20メートルの距離がある分攻めやすいように見えるが、ラインアウトは、フォワードがボールを確保するのが前提だ。相手チームに長身の選手がいて確保が難しい場合もある。さらに、捕球したボールをスクラムハーフに渡す「デリバリー」が乱れることもあって、なかなか思い通りにいかないことが多い。

対照的にスクラムは、東芝ブレイブルーパスがスクラムの強いチームだったこともあって、確実にボールの獲得が見込めるので攻めやすかった。

相手のフォワードが、8人全員スクラムに参加することも、攻めやすさにつながっている。これがラインアウトだと、たとえば東芝のフォワードが7人並んだときに、相手が5人しかラインアウトに並ばず、残るふたりのフォワードがバックスラインに入ってディフェンスに回るようなことがある。実際、パナソニック ワイルドナイツに、いきなりこういうふうにディフェンスに立たれ、強いプレッシャーをかけられて、準備していたプレーができなかった記憶がある。

ラインアウトは、前の方にボールを投げると確保がしやすいが、その場合も、後方に並んだ相手のフォワードが一斉にプレッシャーをかけてくるので、バックスとしてはあまり嬉《うれ》しくない。

スクラムは、そういう想定外のディフェンスがない分、攻めやすいのだ。

2015年のワールドカップ初戦の南アフリカ戦で、ジャパンは、後半28分にラインアウトから右に展開して、五郎丸歩選手が見事なトライを挙げているが、あのトライは、スクラムハーフの日和佐篤《ひわさあつし》選手によれば、「フォワードが完璧《かんぺき》なデリバリーをしてくれたから取れた」ということになる。さらに、この試合がワールドカップの初戦で、南アフリカがあまり日本のことを分析できなかったので、新しいサインプレーを把握できなかったことなど、さまざまな要素が上手く重なって生まれたトライだった。

逆に考えれば、スクラムにしてもラインアウトにしても、バックスにボールが渡るところでほんの少し狂いが生じると、パスがつながるにつれて狂いがどんどん大きくなり、せっかく準備したプレーが上手くいかなくなる。それがわかっているからこそ、フロントローの選手はスクラムの質を上げることにこだわり、ロックの選手もラインアウトをどう獲得するか熱心に研究を続けるのだ。

もちろん、僕たちバックスも、パスがずれたり、相手のプレッシャーが予想以上に強くて効果的なアタックができない場合がある。そういうときはあまりパスを多くせずに、ボールを後ろに下げないよう前に出て、次の攻撃につなげることを考える。

たとえば、成功すればスクラムからのアタックでそのままトライを取れるようなプレーを考えていても、スクラムが上手くいかなかったときは、最悪でも二次攻撃につなげられるようにプレーをする。実際の試合では、準備したプレーが上手くいくことの方がまれで、100点満点ではなくてもせめて80点くらいの結果に結びつけて、攻撃をいい形で継続したいと考えている。つまり、理想のプレーと同時に、最悪の場合にどうするかという「プランB」も考えているのだ。

こうしたセットプレーからのアタック――いわゆるサインプレー――の数は、実はそれほど多くない。

たとえば、2018―19年度にトップリーグチャンピオンになった神戸製鋼コベルコスティーラーズは、ほとんどサインプレーを変えずに戦っていた。ただし、同じようなプレーでありながら、パスの方向や受け手を変えて、バリエーションをつけていた。

サインプレーには「おもて」と「裏」がある。

10番が12番にパスして、12番の後ろを回ってもう一度パスをもらう「ループ」というプレーがあるが、これを「おもて」とすれば、10番からパスを受けた12番が、回り込んできた10番にパスするように見せかけて、そのままボールを持って走るのが「裏」のプレーということになる。こうしたバリエーションを付け加えることができるので、サインプレーはそれほど多く必要ではないのだ。

ただ、ラインアウトでは、並ぶフォワードの人数に変化をつけて、それに応じたプレーを準備していた。ラインアウトから、フォワードがモールを組む場合もあるし、モールを組むと見せかけて強いランナーを狭いサイドに走らせるようなプレーもあるから、バックスがそれほど多くのサインプレーを用意しなくても、アタックのバリエーションが保てるのだ。

チームでサインプレーを決める際に大切なのは、自分のチームの特徴と、相手チームの特徴だ。お互いの強みや弱みを考慮に入れながら、キャラクターを考えて、「ここが弱いからこう攻めよう」とか「ここに自分たちの強みがあるから、これを上手く利用しよう」と、決めていくのだ。

もうひとつ、トップリーグのように毎週試合が行なわれる場合は、準備期間が限られている。その限られた時間に、複雑でややこしいサインプレーを考えると、時間のほとんどをそのプレーの習得に取られてしまうので、あまりそういうことはやらない。むしろ、一般的なプレーのレベルを上げることに時間を割いた方が効率的だ。

次の試合に向けて本当に大事な準備は何かを考えると、一発でトライを取れるようなサインプレーを考えて練習するよりも、もっと基本的なスキルのレベルを上げることにフォーカスした方がいい場合の方が多いように思う。

その試合までのチームのパフォーマンスを振り返ることも大切で、今までやってきたプレーの延長線上で勝利を計算できるのか、それとも新しいプレーを導入した方が勝つ確率が上がるのか、これはチームが置かれた状況によっても変わってくる。実際に何が正解なのかは試合が終わるまでわからないが、おそらく優勝した神戸製鋼も、そういうことを考えてプレーのバリエーションや方向性を絞ったのではないかと僕は考えている。

このようにサインプレーが一発で決まってトライが生まれることは滅多になく、そんな場面を実際に目撃できたら、ラッキーだ。でも、忘れて欲しくないのは、そういうトライが生まれる背景には、「相手の特徴からここを攻めればトライが取れる」と分析したコーチの苦労や、そのプレーを黙々と練習し続けた日々があるということだ。だからこそ、それが大事な試合の大事な場面で決まったら、コーチや選手の喜びもまた、ひとしおなのである。

第3章　「世紀の祭典」ワールドカップと、世界ラグビーの勢力図

Integrity, Passion, Solidarity, Discipline, Respect

品位、情熱、結束、規律、尊重

——「ラグビー憲章」より

ラグビー・ワールドカップは４年に一度開かれる大会だ。

選手だけではなく、世界中のファンも観戦することを楽しみにしている。

全世界のテレビ視聴者数などのデータで見れば、サッカーのＦＩＦＡワールドカップ、夏のオリンピック大会とともに、世界３大スポーツイベントのひとつに数えられている。

大会期間は約１か月半に及び、世界中からサポーターが集まる素晴らしい大会だ。

しかも、今回２０１９年のワールドカップは、日本開催。

それこそ「４年に一度じゃない。一生に一度だ。－ＯＮＣＥ　ＩＮ　Ａ　ＬＩＦＥＴＩＭＥ－」というキャッチコピーのように、日本代表が地元の声援を受けて戦う非常に貴重な機会になるだろう。

このラグビー・ワールドカップが最初に開催されたのは１９８７年のことだ。

サッカーのワールドカップが１９３０年に第１回大会が開催されたのに比べれば、歴史は浅い。今回の日本大会でやっと9回目だ。

なぜ、ラグビーは20世紀後半になるまでワールドカップを開催しなかったのか。

この疑問をたどっていくと、19世紀に「フットボール」からサッカーとラグビーが分かれた歴史にたどり着く。

この章では、最初に簡単にラグビーの歴史を振り返り、ワールドカップという大会がどういう大会で、ラグビーにどのような変化を与え、どのようにして大規模になっていったのかを述べることにしよう。

あわせて、ワールドカップに参加する国々を中心に、世界のラグビーの特徴も紹介しよう。

ラグビーを生んだフットボール

第2章で、1863年にフットボールの統一ルールを決める集まりがあり、そこでボールを手で扱うことを認めるかどうかで大激論になり、サッカーとラグビーの誕生（分化）につながったと書いた。

どういうことかというと、当時のフットボールは、各地域やクラブによってルールがバラバラだったのだ。

イングランドのパブリックスクールを例にとっても、ラグビー校式ルールがあり、ハーロウ校式ルールがあり、イートン校式ルールがあり……といった具合で、わかりやすく言えば、慶應義塾大学ルール、早稲田大学ルール、明治大学ルール……といった具合に、それぞれの学校に独自のフットボールがあった。

中世に村のお祭りとして行なわれたことからもわかるように、フットボールは本来、同じグループに所属する人間をふたつに分けて楽しむゲームだった。

つまり、この時代は、同じパブリックスクールや大学に所属する学生たちを、それぞれが所属する寮ごとの対抗戦という形で競わせ、協調性やリーダーシップなどを学ばせるために行なわれていた。だから、得点の仕方も、手を使うかどうかも、それぞれの学校によって違っていた。

ところが、19世紀に入って鉄道網が整備されると、それまでは交流がなかった遠方の学校ともフットボールの試合を行なうことが可能になった。しかし、その時代は、それぞれに独自のフットボールを楽しんでいたから、対戦する学校同士のルールが違うことが当たり前だった。

そこで考えられたのが、たとえば慶應が早稲田に出向いて試合をするときは早稲田式のフットボールで、逆に早稲田が慶應に出向いたときは慶應式のフットボールで、それぞれ試合を行ない、2試合の合計得点で勝敗を競うという、「ホーム&アウェー」方式だった。

これが現在のホーム&アウェーのルーツで、ホーム・アドバンテージという言葉は、この時代にホームチームが自分たちのルールで試合をしていたことからきている。

ホーム&アウェーとともに、この時代のルールの名残を留《とど》めているのが、得点したのに「トライ」と呼ぶ、ラグビー独特の用語だ。

これは、当時のラグビー校式ルールでは、現在の「トライ」はあくまでも「ゴール」を決めるための「Try for point」、つまりゴールを狙うキックの位置を決めるための手段に過ぎなかった。

ラグビーではゴールのことを「コンバージョン」とも言うが、これも、「トライ」を得点に「コンバート(変換する)」ことに由来している。しかし、ゲームを続けるうちに、観客もプレーヤーも「ゴール」よりも「トライ」に盛り上がるようになって、トライは3点から4点へ、そして現在では5点と、価値がどんどん上がっていった。

もちろんこれはラグビーの話で、当時のフットボールには、サッカーのようなゴールマウスにボールを蹴《け》り込んで1点を取る方式も当然存在した。

このように、得点の仕方をとってもフットボールはそれぞれに独自のルールがあった。だから、他校と交流する機会が増えるにつれて、さまざまな不便が生じたのだ。

この時代は、統一ルールがなかったから、試合の最中《さなか》に不正なプレーがあった場合は、両チームのキャプテン同士が話し合って、それを反則とするかどうかを決めていた。これも、そのたびにゲームが中断するので、そういう時間をなくすために、やがて両チームのキャプテンが信頼している人間にレフェリーを依頼するようになる。これが、ラグビーやサッカーでキャプテンシーが強調され、レフェリーがリスペクトされているルーツだ。

つまりレフェリーは、自分たちが選んだキャプテンが信頼してゲームを裁く権限を与えた人間だから、チームメイトも当然リスペクトしたわけだ。

こうしたさまざまな不便を解消し、ゲームを円滑に進めるために行なわれたのが、１８６３年の統一ルール制定のための話し合いだった。

もう一度おさらいすると、この話し合いの場で、手の使用を認めるラグビー校式のルールを主張していたグループが激論の末に席を立ち、残ったグループが手の使用を認めないルールを制定して、自分たちのグループを「フットボール・アソシエーション（Football Association　＝イングランド・サッカー協会）」と名乗った。これが、サッカーの始まりだ。

ラグビー校式のルールを主張したグループは、それから8年後の１８７１年に統一ルールを定めて、自分たちのグループを「ラグビー・フットボール・ユニオン（Rugby Football Union　＝イングランド・ラグビー協会）」と名乗った。

これが、サッカーとラグビーの、それぞれの誕生だ。

ちなみに、ラグビーのワールドカップで優勝したチームにはウェブ・エリス・カップが贈られる。

これは、19世紀にラグビー校で、フットボールの試合中に、当時のルールで禁じられていた、手でボールを持って走ったウェブ・エリス少年の伝説にちなんで名づけられている。

この「フットボール」が「サッカー」と誤解されて、日本では、「ラグビーはサッカーの試合中に興奮した少年がボールを持って走り出して誕生した」とも言われるが、言うまでもなく、これはサッカーやラグビーに分かれる前の「フットボール」のこと。エリス少年がボールを持って走ったことで、ラグビー校のフットボールが手でボールを持って走ることを認めるルールに変わり、それが後のラグビー校式ルールの源流になった――というのが正しい解釈だ。

しかし、エリス少年の話は、今では、実はラグビーが、ルール制定後にイメージアップを狙って脚色した伝説だった、という見方が主流になっている。

というのも、中世のフットボールというゲームがどういうものであったのかを、現代に伝えるフットボールを見ると、普通に手でボールが扱われているからだ。

これは、イングランドのダービーシャー州アッシュボーンで、現在も年に2日だけ行なわれる「ロイヤル・シュローヴタイド・フットボール」というゲームだ。

このゲームは、街に住む約7千人（！）がふたつのチームに分かれて行なわれるフットボールで、まるでモールみたいな「ハグ」と呼ばれる密集戦があったり、大勢がボールを奪い合うハグからボールを持ちだして遠くに放り投げることを「オープン・プレー」と呼んだり、今のラグビーに通じる部分がかなりある。もちろん、手でボールを持って走ることも、ボールを蹴ることも、ドリブルすることもオーケーで、川のなかにボールを投げ込んで流れを利用して前進するといった「リバー・プレー」まである。

要するに「何でもあり」のゲームなのだ。

日本でも、2002年5月に、NHKが「熱闘7000人〜これがサッカーのルーツだ〜」というタイトルでこのロイヤル・シュローヴタイド・フットボールの模様を放送した（14年6月に再放送）が、これを見ると、エリス少年の伝説を持ち出さなくとも、フットボールが持つ多様なエッセンスのなかからサッカーとラグビーが生まれたことがよくわかる。

ハグのような密集戦では、昔は殴り合いがよく起こり、「暴力の温床」と見られていた。

サッカー派が定めたルールの根幹は、こうした不正で粗暴なプレーを生む可能性がある密集戦をなくすために、手を使ってプレーすることを禁じ、常に外からボールがどこにあるかを可視化することだった。

一方、ラグビー派のルールの根幹は、そういう密集戦のなかでも暴力とは一線を画し、自制しながら激しい「コンテスト（奪い合い）」を楽しむことに主眼を置いた。

だから、第2章で説明したように、ラグビーではさまざまな局面でコンテストが行なわれる。ラグビーのルールが難しいと言われるのも、こうしたコンテストを公正かつ安全に楽しむために、さまざまな制限があとから付け加えられたからだ。

ラグビーで「フェアプレー」が強調されるのも、暴力沙汰《ざた》と紙一重のような状況が頻繁に起こり得るので、「フェアプレー」の精神を遵守することが重要だからである。

カップ戦の誕生

こうして1871年に、手でボールを持って走り、敵に倒されると密集戦が起こってボールを奪い合う、ラグビーのルールが成文化された。

この年には、イングランドとスコットランドの間で、世界最古の「テストマッチ」も行なわれた。

ようやくラグビーが歴史に登場したのだ。

ところが翌年に、サッカーの総本山、フットボール・アソシエーション（FA）が、これまでになかった斬新《ざんしん》な大会を大々的に開催した。

それが、現在まで続く世界最古のカップ戦、「FAカップ」である。

前項で紹介したように、当時のフットボールは、アソシエーション式もラグビー式も、すべてホーム&アウェーでの対戦だった。これはリスペクトし合う2チームの間で、それまでに練習した成果をぶつけ合うための試合であって、どのチームが一番強いかを決めるような発想とは無縁だった。

ところがFAカップは、アソシエーション式ルールでプレーするチームが何チームも集まり、勝ち抜き戦でどこが一番強いかを決める大会だった。

この〝斬新な〟発想が熱狂的に受け入れられて、サッカーは一躍人気スポーツとなった。

しかも、カップ戦という目新しい試合形式は、英国本土から離れたヨーロッパでも評判となり、大陸でもサッカーが広くプレーされるようになった。

そして、ヨーロッパの国々が当時所有していた植民地を通じて、世界に広がった。

1930年には南米のウルグアイで最初の「世界一」を決める大会が行なわれ、地元ウルグアイが優勝したが、この大会の名前は「ワールドカップ」。実態は世界選手権でありながら、選手権を意味する「Championship（チャンピオンシップ）」を使わずに、FAカップの「カップ」を名前につけた。このことからも、カップ戦のインパクトがいかに強かったか、わかっていただけると思う。

これが「ワールドカップ」という言葉が生まれた背景だ。

面白くなかったのは、ルールを制定して、これから普及に乗り出そうとした矢先にFAカップをぶつけられた、ラグビーだった。

そこでラグビーは、あくまでも伝統のホーム&アウェー方式にこだわり、カップ戦のようにいくつものチームをひとつの大会に集めて「どこが一番強いか」を競うことを禁じた。

ヨーロッパ伝統の「シックスネーションズ」（イングランド、スコットランド、ウェールズ、アイルランド、フランス、イタリアの6つの国と地域が毎年総当たりで対戦する大会＝2000年にイタリアが参加するまでファイブネーションズと呼ばれていた）も、ニュージーランドとオーストラリアの間で毎年行なわれる定期戦「ブレディスローカップ」

も、すべてホーム&アウェーのフォーマットで開催されているのはそのためだ。

そればかりか、ラグビー・ワールドカップが開催されるまで、ラグビーは、テストマッチを対戦国以外の第三国で行なうことを禁じていた。

それもこれも、19世紀にFAカップをぶつけられたことに端を発していたのだ。

アマチュアリズムとプロフェッショナリズム

ラグビーが20世紀後半になるまでワールドカップを開催しなかった、もうひとつの大きな理由が、プレーすることで報酬を得るプロフェッショナル選手の存在を認めなかったことだ。

19世紀のイングランドは貧富の格差が大きく、ストライキなどの労働争議が頻繁に起こっていた。サッカーは、早い段階で仕事を休んで試合に出場した労働者階級の選手に、休んだ分の給料を補償する「休業補償」を認め、プロ化に道を開いていたが、ラグビーは、厳しく休業補償の支払いを禁じた。

これは、密集戦のないサッカーでは、たとえば労働争議で激しく対立している工場主と労働者がいっしょにプレーしても、喧嘩《けんか》のような騒ぎが起こる可能性が低いのに対して、密集戦が特徴であるラグビーでは、不祥事が起こりかねないと危惧《きぐ》されていたからだと言われている。つまり、休業補償を認めないことで、過激な労働者階級をゲームから巧妙に閉め出そうとしたのだ。

もっとも、イングランドはともかく、お隣のウェールズでは、休業補償が認められなくとも、炭鉱で働いていた労働者たちが主流となってラグビーを熱烈に愛し、積極的にプレーして、現在に至る伝統の礎を築いた。

一方のイングランドでは、ラグビーが中上流階級の子どもたちが通うパブリックスクールで盛んに行なわれていたこともあって、報酬を求めてプレーするのではなく、楽しみと名誉のために無償でプレーするアマチュアリズムが美徳として強調されていた。

ところが、同じイングランドでも北部の工業地帯では、ラグビークラブに工場労働者などの選手が多く、彼らに土曜日に仕事を休んでプレーしてもらうためには、その日の賃金を休業補償として支払う必要性が生じていた。そのため、北部のクラブが集まり、RFU＝イングランド・ラグビー協会に対して、休業補償の支払いを認めるように要求する動きが起きた。

イングランド・ラグビー協会は、こうした北部の要求を断固として拒絶。両者の対立が深まって、1895年に北部イングランドの22クラブが、RFUとはべつに「北部ラグビー協会」を設立して独立する。これが、現在13人制で行なわれている「ラグビーリーグ」のルーツとなった。

日本で僕たちがプレーしているラグビーは、海外では「ラグビーユニオン」と呼ばれているが、「ラグビーリーグ」は、僕たちがプレーしているラグビーとは違う競技だ。

ラグビーリーグは、13人制であるだけではなく、ラックやモールといった密集戦がなく、タックルが成立すると、タックルされた選手が足でボールを後ろに転がしてゲームを再開する。アメリカン・フットボールとラグビーを合わせたような形式である。

こうしてラグビーユニオンは、選手への休業補償を認めない立場を貫き、以後もアマチュアリズムを競技の柱に据えた。その厳しいアマチュア規定は、1995年に廃止されるまで100年以上も存続した。

ラグビー・ワールドカップが世界3大スポーツイベントに数えられるようになった現代から見れば不思議な話だが、ラグビーは、誕生してから長い間、「カップ戦」と「プロフェッショナル」を否定してきたのだ。

それが、サッカーから57年も遅れてワールドカップ開催に至った最大の原因だった。

加速度的に成長したラグビー・ワールドカップ

1987年にラグビーがようやくワールドカップ開催に踏み切った背景には、1984年のロサンゼルス・オリンピックで大会組織委員長のピーター・ユベロス氏が巨額の黒字を出して、スポーツがビジネスになると認識されたことも大きかった。

もともと南半球のニュージーランドやオーストラリアは、ワールドカップ開催に積極的で、ヨーロッパでも、英国のホームユニオン（イングランド、スコットランド、ウェールズ、アイルランド4協会の総称）とは一線を画すフランスが、積極派だった。

こうした積極派がスポーツビジネスの大きなうねりに乗って、保守的なスコットランド協会などの反対派を説得し、ワールドカップ開催に踏み切ったのだ。

スポーツビジネスの面から見ても、それまでアマチュアリズムを盾にワールドカップのような世界一を決める大会とは無縁だったラグビーが、ついにワールドカップ開催に踏み切れば、大きなビジネスチャンスになるだろうと、熱い視線が注がれていた。

そうした動きに背中を押されるように、第1回大会は、ニュージーランドとオーストラリアの共同開催で行なわれ、財政的なリスクをヘッジするために、日本のKDD（現KDDI）がメインスポンサーとなった。そして、ニュージーランドが地元のオークランドで行なわれた決勝戦でフランスを破って優勝し、大会を通じて圧倒的な強さを誇ったことで、財政的にも黒字を出して成功を収めた。

続く1991年の第2回大会からは一社単独のメインスポンサー制をやめ、複数の巨大企業がスポンサーに名前を連ねる現在のような形になった。

以下に、第1回から前回までのワールドカップの優勝国と準優勝国、開催地を記しておこう（開催地が複数の場合は最初に記した国または地域が主開催地）。

第1回（1987年）　優勝ニュージーランド　準優勝フランス　ニュージーランド、オーストラリア共同開催

第2回（1991年）　優勝オーストラリア　準優勝イングランド　イングランド、スコットランド、ウェールズ、アイルランド、フランス共同開催

第3回（1995年）　優勝南アフリカ　準優勝ニュージーランド　南アフリカ単独開

催
第4回（1999年）優勝オーストラリア　準優勝フランス　ウェールズ、イングランド、スコットランド、アイルランド、フランス共同開催
第5回（2003年）優勝イングランド　準優勝オーストラリア　オーストラリア単独開催
第6回（2007年）優勝南アフリカ　準優勝イングランド　フランス、ウェールズ、スコットランド共同開催
第7回（2011年）優勝ニュージーランド　準優勝フランス　ニュージーランド単独開催
第8回（2015年）優勝ニュージーランド　準優勝オーストラリア　イングランド、ウェールズ共同開催

参加国（チーム）は、第1回大会から第3回大会までが16チームで、第1回は予選がなく、16チームすべてが招待された。

国別に見ると、サモア（第3回大会まで西サモアで出場）は、第1回大会に招待されず、

それが強いモチベーションとなって第２回大会のアジア・太平洋地区予選を首位通過。本大会でもウェールズ、アルゼンチンを破って初出場でベスト８進出を果たしている。

南アフリカは、第２回大会まで、白人政権時代のアパルトヘイト（人種隔離）政策が原因となってスポーツでの国際交流を断たれていて、参加が認められなかった。95年は、ネルソン・マンデラ政権となって初めての国際スポーツイベントとして、全世界から注目を集めた。

この大会終了後に、当時の国際ラグビーを統轄していた国際ラグビーボード（ＩＲＢ）が、ついにアマチュア規定を廃止してラグビーは「オープン化」を果たし、プロフェッショナル選手の誕生に道を開いた。衛星放送向けの優良コンテンツを探していたメディアが、ラグビーに熱い視線を向けて、プロ化を後押ししたとも言われている。

実際、翌96年には、ニュージーランド、オーストラリア、南アフリカの３カ国の州代表を母体にしたチームを集めて、現在のスーパーラグビーの原型である「スーパー12」がスタートしている。

ワールドカップの参加チーム数は、ウェールズを主開催地として行なわれた第４回大会から20に増加。03年の第５回大会から５チームを４つのプールに分けて総当たり戦を行ない、上位2チームが決勝ラウンドに進む、現在のフォーマットとなった。

ラグビーの代表資格（エリジビリティ）はなぜ国籍だけではないのか

ワールドカップが開催されるようになっても、ラグビーという競技が持つ特殊性は、根強く存続している。

典型的な例が「代表資格（エリジビリティ）」だ。

95年の第3回大会で、日本代表はニュージーランドに17―145という「歴史的大敗」を喫した。中学生だった僕は大きなショックを受けたが、この試合には、現在日本代表のジェイミー・ジョセフ ヘッドコーチ（HC）が、ニュージーランド代表のフランカーとして途中出場していた。

この大会の決勝戦は、クリント・イーストウッド監督の映画『インビクタス／負けざる者たち』の題材にもなった歴史的な名勝負だが、その試合にもジェイミーさんは、オールブラックスのメンバーとして出場していた。

ところが、99年の第4回大会では、ジェイミーさんは、今度は平尾《ひらお》誠二《せいじ》監督が指揮する日本代表の一員としてワールドカップに出場している。

もちろん、前回大会の準優勝メンバーが、次の大会で違う国の代表として登場したのだから物議を醸し、大会後には「ひとつの国（地域）を代表してプレーした選手は、もうひとつの国の代表にはなれない」という規定が、当時のIRBによって新たに加えられた。

しかし、それでもジェイミーさんは、当時のIRBが定めた規定をクリアしての、合法的な〝ジャパン入り〟だった。

なぜジェイミーさんは、違う国から2大会連続でワールドカップに出場できたのだろうか。

現在は「ワールドラグビー」に名前を変えたIRBは、代表資格を以下のように定めていた。

1 国籍＝その国のパスポートを所持する者
2 血縁＝2親等以内の親族がその国出身である者
3 地縁＝その国に継続的に3年間以上居住している者（2020年末からは5年に延長）、累積10年居住している者つまり、第3回ワールドカップが終わった直後に来日したジェイミーさんは、「3」の地縁で代表資格をクリアしたのだ。

現在の日本代表に選ばれている外国人選手たちも、ほとんどが「3」の地縁をクリアしている。なかには、リーチ マイケル選手やトンプソン ルーク選手のように、長く日本に住んで代表資格を得た上に、さらに日本に帰化した選手たちもいる。彼らはみんな、日本が大好きなのだ。

オリンピックやサッカーのワールドカップは、代表資格が国籍だけだ。

だから、多くの人たちがラグビー日本代表に対して「なんで、あんなに多くの外国人選手がいるの？」と疑問を抱く。同じラグビーでも、オリンピック種目に採用された7人制（セブンズ）は、オリンピックに限って代表資格が国籍となるが、なぜ、ラグビーワールドカップはこういうことが認められているのだろうか。

実はこれも、19世紀のイングランドで生まれたルールだ。

当時、イングランドを中心とした英国は、「大英帝国」として世界中に植民地を持っていた。そうした植民地を経営するために、パブリックスクールや大学でラグビーをプレーしたエリートたちが、世界中のさまざまな国に派遣された。

そこでラグビー界は、そうした人たちが派遣先でも思う存分にプレーできるように、その地のラグビー協会が代表と認めれば、その国または地域を代表してプレーができると定めた。つまり、国籍を代表資格にするのではなく、居住する地域に3年以上住んで、その地のラグビー協会が代表に選べば、母国の代表チームとも対戦できる道を残したのだ。

これを「所属協会主義」という。

「2」の血縁についても、英国内のホームユニオンでは、地域が隣接していることもあって、たとえば、父母はイングランド人でロンドンで育ったが、祖母がスコットランド人である選手が、スコットランド代表としてプレーする場合もある。あるいは、ニュージーランドで生まれ育った選手が、祖父母がアイルランド人だったので、ニュージーランド代表ではなく、アイルランド代表になることを選ぶ——といったケースもある。

日本代表では外国人選手の存在が目立つが、実はさまざまな国の代表にも「2」や「3」の要件を満たして代表となった選手が、かなりいるのだ。

もちろん今では、年齢別の代表に選ばれたり、セブンズ代表に選ばれたりした場合は、「ナショナルチームまたはそれに準じるチームに選ばれた選手」として、たとえ「2」や「3」の条件をクリアしていたとしても、最初に選ばれた国以外の代表資格は得られない。

もっともこれには救済措置があって、母国の代表に準じるチームにかなり以前に選ばれた経歴があっても、ワールドラグビーが主催するセブンズシリーズに4大会以上出場すれば、現在住んでいる国の代表になれる、という条項がある。

僕たちのジャパンでは、パナソニック ワイルドナイツのダニエル・ヒーナン（現在は帰化してヒーナン ダニエル）選手が、ワールドカップ出場を目指してセブンズシリーズに参加した。ところが、2大会目で足を骨折して条件をクリアできず、ケガが重傷だったこともあって、ワールドカップ代表入りを断念したことがあった。

つまり、ラグビーの代表チームに外国人選手がいるのは、その国に馴染《なじ》んで誇りを持っているからであって、プロ野球などでよく言われる「助っ人《と》」としているわけではない。前にも述べたが、僕がいたジャパンの外国人選手たちは、何よりも日本が大好きだった。だから、彼らは代表にふさわしい選手だと、僕は思っている。

トップリーグの各チームにも、ラグビーをプレーする機会を求めてさまざまな外国人選手が来日して在籍している。

なかには、サントリーサンゴリアスのマット・ギタウ選手のように、オーストラリア代表として１０３試合に出場したような「レジェンド」もいる。

しかし、こういうレジェンドが、チームのなかでお高くふんぞり返っているわけではない。

ギタウ選手から聞いた話では、こんな印象的なエピソードがある。

彼は、サントリーでは主にスタンドオフとしてプレーしているが、バックスの日本人選手に「もっと深く立て」と指示するときには、英語としては正しい「deeper」ではなく「more deep」と指示するそうだ。「more deep」は、英語としては正しくないけれども、日本人の選手にはその方がきちんと伝わりやすい。「もっと近く寄れ」と言う場合も、正しい「closer」ではなく、やはり「more close」と指示をするそうだ。

ギタウ選手は、「英語的に正しいかどうかよりも、相手に伝わることが大切なんだ」と話していたが、まさに言葉をコミュニケーションのツールとして上手《うま》く使っていると感心させられた。

僕たちが、海外の選手といっしょにご飯を食べに行ったり、遊びに行ったりするときには、もちろんきちんと英語を話せる選手もいるが、まったく話せない選手もいる。

たとえば、田村優《たむらゆう》選手は、英語がそれほど話せないけれど、物怖《ものお》じせず、日本語と同じような感じでコミュニケーションをとっている。それに、試合中は、ラグビー用語を交えての会話になるから割合スムースにコミュニケーションが取れる。

日本人は、どうしても「間違ったらどうしよう」と考えるので英語を話すのが苦手だという話をよく聞くが、僕は、言語はコミュニケーションにとっての、あくまでもツールでしかないと考えている。それよりも、伝えたい思いを強く持つ方がコミュニケーションには有効だと思うのだ。こういう環境にラグビーはあるので、国際感覚を養うのに役立つ。

南半球がワールドカップで強い理由

話をワールドカップに戻そう。

既に述べたように、これまでの大会で優勝したのは、ニュージーランドが3回、南アフリカ、オーストラリアが2回ずつ、イングランドが1回。大会がこれまでに8回行なわれたにもかかわらず、優勝したチームは、わずか4チームにとどまっている。しかも、15年大会でニュージーランドが達成するまで、連覇したチームはなかった。

準優勝の回数はフランスが3回と最も多く、以下、イングランドとオーストラリアが2回ずつ、ニュージーランドが1回となる。

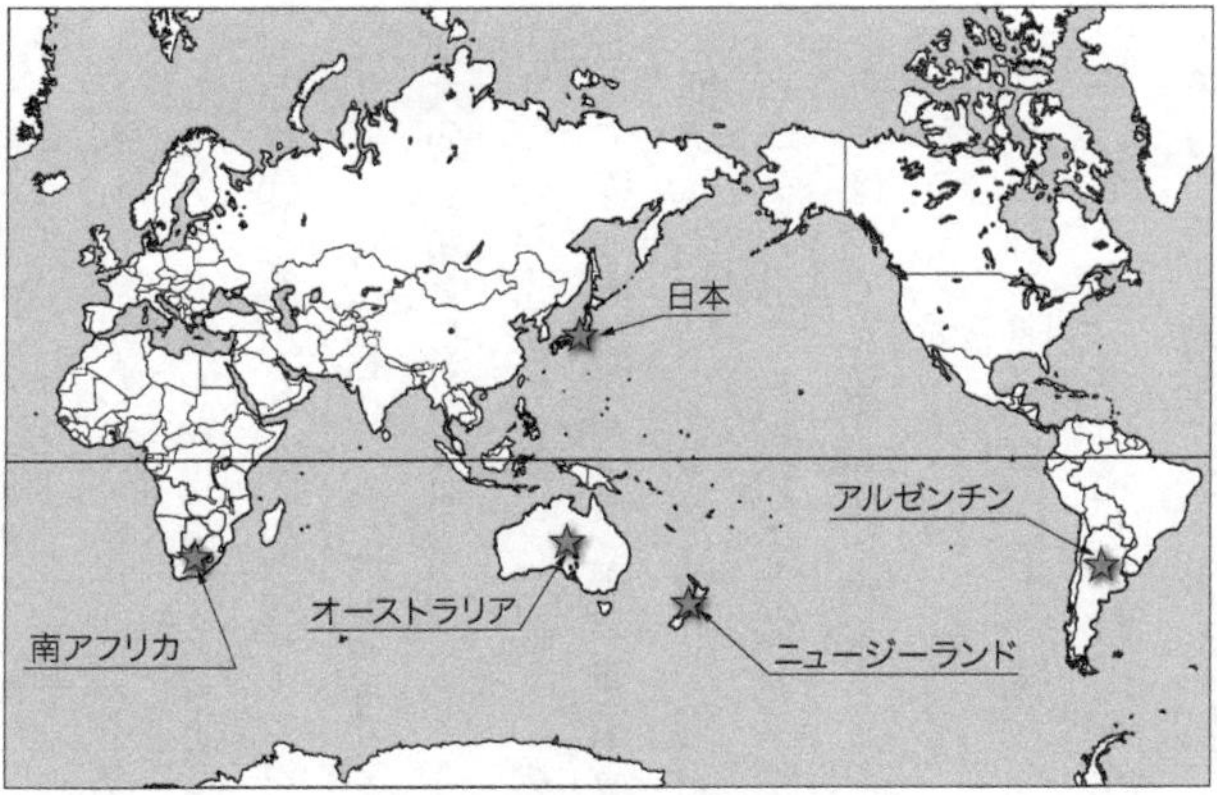

スーパーラグビー参加国は南半球に集中

つまり、優勝経験を持つチームにフランスが加わっただけで、これまでの8大会で決勝に進出したチームは、ニュージーランド、オーストラリア、南アフリカ、イングランド、フランスの5チームだけ、ということになる。

優勝だけで見れば、南半球勢は8回中7回と、圧倒的に強い。

なぜ、こんな偏りが起こるのだろうか。

僕は、96年に、「スーパー12」として始まった、「スーパーラグビー」の存在が大きいのではないかと考えている。

スーパーラグビーは、今ではアルゼンチン（ジャガーズ）が参戦し、19年にはファイナル進出も果たしたが（準優勝）、それまでは、ニュージーランド、オーストラリア、南アフリカのチームで激しい優勝争いが繰り広げられていた。

日本も16年からサンウルブズを結成して参戦しているが、20年度で契約が切れること、さらにチーム数を14に減らすことなどを理由に、残念ながら「除外」されてしまった。

それはともかく、アルゼンチンを加えた南半球4カ国は、毎年スーパーラグビー終了後に、「ザ・ラグビー・チャンピオンシップ」という、国代表同士がホーム&アウェーで戦う大会も開催している。

15年のワールドカップでは、この4カ国がベスト4に勝ち残り、北半球勢はすべてベスト8で姿を消した。この南半球4カ国は、ワールドカップが行なわれない年でも毎年激しく切磋《せっさ》琢磨《たくま》しているのだから、実力をつけて当然だと思う。

ニュージーランドやオーストラリアには、歴史的な背景もある。

両国は今でも英連邦に属し、元首はエリザベス女王だ。

本国のイングランドから見れば、遠く離れた僻地《へきち》みたいに見られることもある。

こうした本国にラグビーで勝とうというマインドを、彼らはずっと昔から抱いてきた。

そのために、常に新しい戦術を模索し、実験して、ラグビーの質を高めてきた。

そういう「意地」が、彼らの闘争心を支えているのだ。

南アフリカも、17世紀に入植したオランダ系白人の子孫であるアフリカーナーと、英国系住民との間に二度にわたるボーア戦争など深刻な歴史的対立があり、しかもアフリカーナーが何よりもラグビーを愛しているために、英国に対して強い対抗心を持っている。おまけに、アフリカーナーは巨漢が多く、今でも南アフリカの選手は世界有数の体格に恵まれている。

さらに南半球の気候も、ラグビーの質に影響を与えている。

南半球は、ニュージーランドを除けば気候が乾燥していてグラウンドが固く、ボールを積極的に動かすスピーディーなラグビーに適している。

一方の北半球は、中心となる英国に悪天候が多く、グラウンドも柔らかいために、どうしてもフォワードを使った手堅い戦いが中心となる。必然的に試合のテンポはスローになり、ボールも滑りやすいためにハンドリングもそれほど上手くない。

最近は、人工芝を交ぜたハイブリッドのピッチが増え、北半球でもスコットランドやアイルランドのようにボールを動かすチームが出てきたが、それでもまだ少し差があるように思う。

果たして日本大会では、相変わらず南半球の優位が続くのか。それとも、エディー・ジヨーンズさんがヘッドコーチとして指揮を執るイングランドを筆頭に、北半球勢が巻き返すのか。

こういう〝南北対決〟にも注目すると、大会を面白く観戦できると思う。

地元開催のワールドカップで、日本代表に期待するもの

さて、ワールドカップ日本大会の日程は以下の通りだ。

●プールA

9月20日（金）日本対ロシア　東京スタジアム　19時45分
22日（日）アイルランド対スコットランド　横浜《よこはま》国際総合競技場　16時45分
24日（火）ロシア対サモア　熊谷《くまがや》ラグビー場　19時15分
28日（土）日本対アイルランド　エコパスタジアム　16時15分
30日（月）スコットランド対サモア　御崎《みさき》公園球技場　19時15分
10月3日（木）アイルランド対ロシア　御崎公園球技場　19時15分
5日（土）日本対サモア　豊田《とよた》スタジアム　19時30分

9日（水）スコットランド対ロシア　エコパスタジアム　16時15分
12日（土）アイルランド対サモア　博多《はかた》の森球技場　19時45分
13日（日）日本対スコットランド　横浜国際総合競技場　19時45分

●プールB

9月21日（土）ニュージーランド対南アフリカ　横浜国際総合競技場　18時45分
22日（日）イタリア対ナミビア　花園《はなぞの》ラグビー場　14時15分
26日（木）イタリア対カナダ　博多の森球技場　16時45分
28日（土）南アフリカ対ナミビア　豊田スタジアム　18時45分
10月2日（水）ニュージーランド対カナダ　大分スポーツ公園　19時15分
4日（金）南アフリカ対イタリア　エコパスタジアム　18時45分
6日（日）ニュージーランド対ナミビア　東京スタジアム　13時45分
8日（火）南アフリカ対カナダ　御崎公園球技場　19時15分
12日（土）ニュージーランド対イタリア　豊田スタジアム　13時45分
13日（日）ナミビア対カナダ　釜石鵜住居《かまいしうのすまい》復興スタジアム　12時15分

●プールC

9月21日（土）	フランス対アルゼンチン	東京スタジアム	16時15分
22日（日）	イングランド対トンガ	札幌《さっぽろ》ドーム	19時15分
26日（木）	イングランド対アメリカ	御崎公園球技場	19時45分
28日（土）	アルゼンチン対トンガ	花園ラグビー場	13時45分
10月2日（水）	フランス対アメリカ	博多の森球技場	16時45分
5日（土）	イングランド対アルゼンチン	東京スタジアム	17時00分
6日（日）	フランス対トンガ	熊本県民総合	16時45分
9日（水）	アルゼンチン対アメリカ	熊谷ラグビー場	13時45分
12日（土）	イングランド対フランス	横浜国際総合競技場	17時15分
13日（日）	アメリカ対トンガ	花園ラグビー場	14時45分

●プールD

9月21日（土）	オーストラリア対フィジー	札幌ドーム	13時45分
23日（月）	ウェールズ対ジョージア	豊田スタジアム	19時15分
25日（水）	フィジー対ウルグアイ	釜石鵜住居復興スタジアム	14時15分

29日（日）ジョージア対ウルグアイ　熊谷ラグビー場　14時15分
29日（日）オーストラリア対ウェールズ　東京スタジアム　16時45分
10月3日（木）ジョージア対フィジー　花園ラグビー場　14時15分
5日（土）オーストラリア対ウルグアイ　大分スポーツ公園　14時15分
9日（水）ウェールズ対フィジー　大分スポーツ公園　18時45分
11日（金）オーストラリア対ジョージア　エコパスタジアム　19時15分
13日（日）ウェールズ対ウルグアイ　熊本県民総合　17時15分

●準々決勝

10月19日（土）(1)プールC1位対プールD2位　大分スポーツ公園　16時15分
19日（土）(2)プールB1位対プールA2位　東京スタジアム　19時15分
20日（日）(3)プールD1位対プールC2位　大分スポーツ公園　16時15分
20日（日）(4)プールA1位対プールB2位　東京スタジアム　19時15分

●準決勝

10月26日（土）準々決勝(1)勝者対準々決勝(2)勝者　横浜国際総合競技場　17時00分
27日（日）準々決勝(3)勝者対準々決勝(4)勝者　横浜国際総合競技場　18時00分

●3位決定戦
11月1日（金）　東京スタジアム　18時00分
●決勝戦
11月2日（土）　横浜国際総合競技場　18時00分

みなさんの注目は、もちろんプールAに属する日本代表だろう。

僕も、彼らに熱い視線を注いでいる。

今回のワールドカップで日本代表がどこまで勝ち進めるか。

ベスト8――つまり、準々決勝進出という結果を残してくれれば、これは史上初めてだし、非常に嬉《うれ》しい。

もちろん、同じプールAに所属するチームは強敵揃いで、アイルランドは世界ランキング3位の強豪だし、スコットランドも世界7位の非常にタフなチームだ（19年7月時点）。

勝つのは容易なことではない。

しかし、だからといって勝てないチームではないとも思う。

地元開催の利を最大限に活《い》かして、圧倒的な声援を受けながら一致団結して戦えば、勝機を見いだせるのではないか。

ラグビー日本代表が戦う姿を見て、日本のみなさんが胸を熱くする——僕は、そういう気持ちを多くの人々に持ってもらうことが、日本代表のミッションだと考えている。

日本代表がそういう戦いぶりを見せれば、２０２０年の東京オリンピック・パラリンピックを見てみたいという気持ちにつながるだろうし、日常的にスポーツに関わりたいという気持ちが人々のなかに芽生えるかもしれない。

日本代表のパフォーマンスが、それまであまりラグビーに興味がなかった人の、新しいアクションへのきっかけになれば、大会は成功と言えるだろう。

そのためにも、僕は、選手たちが持てる力をすべて出し尽くすようなパフォーマンスを期待している。たとえ負けたとしても、「ワールドカップって、素晴らしい大会だったね」とか、「スポーツっていいね」と、多くの方に言ってもらえるようなパフォーマンスを見せてくれれば、それで十分だという思いもある。

人によって、ラグビーというゲームのどこで気持ちが熱くなるのかは、それぞれ違うかもしれないが、それでも相手と激しくぶつかり合うコンタクトを見れば、自然に気持ちが熱くなるだろう。そこでは勇気が試されるし、さまざまなスキルも求められる。非常にわかりやすい場面だ。

あるいは、反則をせずに相手をタックルで倒し続けてトライを許さないようなディフェンスの場面も、多くの人たちが熱くなれる場面だろう。

極端なことを言えば、『あしたのジョー』のラストシーンではないが、選手たちがみな「真っ白な灰」になったと思うくらい力を出し切ってくれれば、多くの人たちに彼らの気持ちが伝わると思うのだ。

何かをやり残したり、悔いを残すようなパフォーマンスではなく、「やれることをやりきったね」「力をすべて出し尽くしたね」と言えるくらいのパフォーマンスを、チームの外側から見ている人間として僕は期待している。

4年間準備したことをすべて出し切るのがワールドカップの戦い方

僕自身の経験を踏まえて言えば、それまでに多くの日本代表OBから「ワールドカップは特別な大会だ」という話を聞いていた。しかし、実際には、僕たちは普通に試合をすることができた。それまで戦ってきたテストマッチと同じように準備をして、同じように戦えた。だからこそ、日本代表史上初めて3勝することができたのだと思う。

それには、大会前の4月にエディー・ジョーンズHCといっしょに現地に行き、試合会場を見て宿泊するホテルに泊まったり、食事も経験して、大会に入ったときに初めて経験することがほとんどなかったという点が大きかった。こうした準備ができたのは、エディーさんのおかげだと思う。

もちろん、実際に大会が始まると、確かに周りの雰囲気はそれまでに経験したことがないものだったが、それは僕たちにはコントロールできないことだった。

だから、そうした雰囲気については、あまり深く考えないようにして「僕たちの試合を盛り上げてくれるんだな」くらいに考えようと、個人的には考えた。

それよりも、自分たちにできることにだけ集中して、それまで準備してきたことをすべて出し切ろうと考えられたところが良かったのだと思う。

これは、チームが発足してから4年近い時間をかけて築いてきたメンタリティだった。

そこまで時間をかけずに、大会前の2週間でそういう気持ちになろうとしても、難しかったのではないか。

僕たちは、チームとして最終的に自分たちがどういう結果を残して、どういう存在になりたいのかということを、ワールドカップへの準備にあてた4年間ずっと考えていた。

4年目の15年は、チームのなかのリーダーシップ・グループで「主体性」という言葉をキーワードに掲げた。いろいろと想定外のことが起こったときに、最後は自分たちがどう考えているのか、どうしたいのかを大切にしようと話し合ってきたのだ。

南アフリカ戦の最後のプレーで、キャプテンのリーチ マイケル選手が「引き分けを狙え」というエディーさんの指示を聞かないで、スクラムを選択し、ラストのワン・プレーに逆転勝利をかける選択をしたのも、そうした話し合いを積み重ねてきた結果だった。

五郎丸歩選手もペナルティゴールを狙う気持ちはまったくなく、「もし、あのとき狙っていたら、たぶん外していたでしょう」と話している。

もちろん、最終的にトライを奪えずに負ける可能性はあったが、勝敗は自分たちでコントロールできない部分もある。だから、引き分けを狙わなかった。また、このチャンスを逃すわけにもいかなかった。

僕たちは、自分たちが準備してきたことを、すべて出し切ろうとしたのだ。

それが、チームとして4年かけて培ったメンタリティだった。

地元開催のワールドカップでは、日本代表を巡るメディアの注目も、これまでの大会とは比べものにならないくらい集まり、さまざまな声が選手たちの耳に入るようになるかもしれない。

この関心の高さを選手たちがどう感じるか――プレッシャーと感じて重圧だと思うのか、それとも喜びと感じるのか――で、チームの成績も変わってくるだろう。

その点は、僕たちのときとは大きく違う。

僕たちのときは、正直に言えば、ラグビーを知っている人たちほど、ジャパンが南アフリカに勝つとは考えていなかった。

もちろん、選手たちはさまざまなプレッシャーを感じていたが、勝利をあまり期待されず、周囲の誰もが勝つとは思っていない状況で戦えたから、素直に準備してきたことをすべて出し切ることができた。

それに対して、今回は国民の関心の高さが違うし、また、みなさんが日本代表を強いと思っている。過去のワールドカップを振り返れば、１９９１年の第2回大会でジンバブエを52―８と破ってから日本代表は勝利を挙げられず、南アフリカ戦の勝利が24年ぶりの白星だった。しかし、今、そうした過去の歴史を知る人は、むしろ少数派かもしれない。

だからこそ、今回の日本代表にかかる期待は非常に大きいだろう。それを選手たちがプレッシャーと感じるのか、これだけ期待されて嬉しいと喜びに感じるのか——僕は、喜びに感じられるように準備が為《な》されていると信じているが——、そこが成績を左右する一つのキーポイントになる。

とはいえ、最後は「試合をするのはオレたちだ」という点にフォーカスすることも重要だ。その点は僕たちのときとそれほど変わらないだろう。周りの期待がどれほど大きかろうが、最後は自分たちがどうありたいか、どういうチームでありたいのかにフォーカスすることが大切なのだ。

そのためにも、これまでにどういう準備を積み重ねてきたかが重要だ。

19年の春の段階では、日本代表の候補たちが「ウルフパック」というチームに集められて、あまり国民の目に見える形で強化を行なってこなかった。スーパーラグビーに参戦したサンウルブズにも、日本代表の選手はそれほど多くなかった。だから、せっかく日本代表を応援しようとしても、どこで応援すればいいのかわからなかった人たちが、多かったのではないかと思う。

6月になって宮崎県で強化合宿が行なわれ、7月27日にはフィジーと釜石鵜住居復興スタジアムで戦い、34―21と勝利した。8月3日にはトンガと東大阪市花園ラグビー場でテストマッチが行なわれ、41―7で連勝。翌週も、アメリカに34―20で勝ち優勝した。今は、やっと多くの人たちが、日本代表を応援しようという気持ちになったところだと思う。

僕自身も、力の及ぶ範囲で、自分にできることをやって、ジャパンを応援する雰囲気を盛り上げたいと考えている。

最後に少し実戦のことでアドバイスすると、ワールドカップでは正確にペナルティゴールやコンバージョンを決められるキッカーが必要になる。

前回は、五郎丸選手が85%という目標を掲げ、勝利に貢献した。

スーパーラグビーのサンウルブズでも、ヘイデン・パーカー選手が90%以上の高い成功率を誇っている。

こういうキッカーがチームにいれば、相手は反則がそのまま3失点に結びつくと悟るから、攻め込んだときにフォワードが反則覚悟でボールを奪いにくるような「チャレンジ」がやりにくい。それが、アタックのときに有利に働く。

つまり、いいキッカーは、得点でチームに貢献するだけではなく、相手に反則覚悟のチャレンジをためらわせるようなプレッシャーをかけているのだ。

現代のラグビーでは、ペナルティゴールやコンバージョンを狙うプレースキックの射程距離が50メートル以上まで伸びている。

だから、これは日本代表にも言えることだが、ワールドカップのようなレベルの高い大会では、少しでも自陣に入ったら、反則がそのまま3失点に結びつくと考えた方がいいだろう。

ジャパンのライバルたち　~アイルランド~

プールAで、日本代表と戦うライバルたちのことにも触れておこう。

アイルランドは18年11月にオールブラックスを16—9と破り、絶好調と見られていたが、19年のシックスネーションズではイングランドに20—32、ウェールズに7—25と敗れて、3勝2敗の3位に終わっている。

オールブラックスに勝った試合を映像で見ると、ジャパンにとって手に負えない相手かもしれないという印象があったが、シックスネーションズのイングランド戦を見て少し印象が変わった。

イングランドがブレイクダウンでアイルランドに圧力をかけ、ディフェンスラインが前に出る「ラインスピード」を上げると、アイルランドはあまり効果的なアタックを見せられなかった。

ディフェンス面でも、ラインの裏側をどう守るかというリンケージ（連携）があまり上手くなかった印象を受けた。フルバックのロブ・カーニー選手が最後尾から最前列のディフェンスラインに上がるのが早く、彼の背後のスペースが狙い目に見えるのだ。イングランドは、ボールを動かしながら背後にスペースができると、そこに上手くキックを蹴り込んでいた。こうしたアタックに、アイルランドはディフェンスの的を絞ることができなかった。もちろん、ワールドカップまでに修正してくると思うが、日本代表が、イングランドのようにキックを効果的に使うことができれば、十分に面白い戦いができるのではないかと、希望が見えた。

もうひとつ、面白いデータもある。

アイルランドの世界ランキングは19年7月時点で3位。確かに実力的には強いのだが、これまでワールドカップとはなぜか相性が悪く、ベスト8が最高で、まだベスト4に勝ち残ったことがない。11年の第7回大会でも、グループリーグでオーストラリアに競り勝ちながら、準々決勝で敗退している。

きっと日本代表にもつけ込む隙がある。

ジャパンのライバルたち　～スコットランド～

スコットランドは、前に述べたように、イングランドと世界最古のテストマッチを戦った伝統国だ。

僕も、彼らのホームグラウンドであるエディンバラのマレーフィールドで、13年11月に対戦した。当時のスコットランドは、まだ今のようにボールを動かすスタイルではなく、グラウンドコンディションもぬかるんでいて最悪で、僕たちジャパンに対してフォワードの力を中心に攻めてきた。

ジャパンも、後半2分、11分と福岡堅樹選手の2トライで17－18と1点差まで追い上げたが、後半23分に、タッチに蹴り出したボールが観客席まで飛ばず、ラインアウトのクイックスローからたくさんのフェイズを重ねられて、最後はフォワードにしつこく攻められてトライを許し、17―30と引き離された。ちょうど僕たちが体力的に一番苦しかった時間帯で、これが勝負の分かれ目となって、最終的に17―42で敗れた。

この対戦のあとに、ニュージーランド人のヴァーン・コッターHCが就任して、彼らはボールを大きく動かすスタイルに変えた。当初はぎこちなさも見えたが、すぐにこのラグビーに馴染み、15年のワールドカップで対戦したときには、堅いディフェンスとターンオーバーからの素早いアタックで日本に快勝している。ジャパンが南アフリカ戦から中３日でスコットランドと対戦したハンディもあったが、そのための対策にも取り組んでいたから、これは言い訳にはならない。

彼らのスタイルは、現在のグレガー・タウンゼントHCの体制になっても変わらない。むしろ、さらにアグレッシブさを増したような印象を受ける。

スタイルがどうであれ、スコットランドの特徴は、しつこくタフであることだ。

実際、僕もプレーしていて、彼らの底力みたいなものを感じた。それを支えているのが、地元のファンの人たちだ。

僕たちがマレーフィールドに入場するときはバグパイプに先導されたが、スタジアムの雰囲気は最高で、いかにこの国にラグビーが根づいているかを感じさせられた。そういう背景があるから、スコットランド代表は国を背負って戦えるのだなと感じたことを覚えている。

スコットランドは、現在も好調な状態を維持している。

9番のスクラムハーフに、15年のワールドカップでキャプテンを務めたグレイグ・レイドロー選手が控え、巧みなキックとゲームコントロールでチームをリードする。その控えには、アリ・プライス選手という、スピード感に溢《あふ》れるアグレッシブなスクラムハーフもいて、チームとしてのバリエーションが増えた。

フルバックのスチュアート・ホッグ選手は16、17年度にシックスネーションズの最優秀選手となったプレーヤーで、切れ味の鋭いカウンターアタックが武器だ。ジャパンがキックを使うときは要注意で、キックの精度が求められる。

19年シックスネーションズのイングランド戦では、0―31と大きくリードされたところから反撃して、一時は38―31と大逆転に成功。ラストプレーでイングランドにトライを奪われ、コンバージョンを決められて、最終的には38―38と引き分けたが、こうした驚異的な粘りと、勝利への執念を持っているのが、このチームの特色だ。

ジャパンのライバルたち　～ロシア～

日本代表が開幕戦で戦うロシアとは、僕も13年11月にウェールズの小さな競技場で対戦した。その試合の記録を見ると、40―13でジャパンが勝ち、僕も後半27分に40点目となるトライを挙げているのだが、ほとんど試合の記憶はない。

ただ、ラグビーが上手いとは思わなかったが、体格を活かして、とにかくフィジカルな肉弾戦を挑んできたのは覚えている。

18年秋にも日本代表が対戦し、このときは32―27と苦戦したが、僕たちのときも、前半は13―13だった。

基本的にロシアの戦い方は変わらないと思う。

フィジカルな力を利用した戦い方で、キックを中心に攻めてくる。

身長が高いので、日本代表がラインアウトで相手ボールを奪うことは難しいかもしれないが、日本が投入する場合は、それほどロシアのラインアウトディフェンスが上手くないので、投げ入れる早さやジャンプするタイミングを工夫すれば、日本代表がボールを確保できるだろう。

15年のワールドカップでは、平均身長の低いジャパンが、工夫を重ねて93%のマイボール獲得率を残している。これは特筆すべき数字だが、同じように今の日本代表も工夫を重ねていると思う。

ロシア戦のポイントは、ブレイクダウンと、相手チームはキックが多いので、そのボールをマイボールにして、どうアタックに繋《つな》げていくのかが大事になる。

ジャパンのライバルたち　～サモア～

サモアとは、僕がキャプテンに就任した12年に対戦した(26—27)。

フィジカルなラグビーが特徴だが、少し気の利いたプレーを仕掛けてくる選手がいた記憶がある。

サモアは、地理的に近いトンガやフィジーとメンタル的に共通する点が多く、お祭り好きというかノリがいい。だから、試合の入り方がとにかく大切だ。

彼らは身体能力が非常に高いので、立ち上がりにいいパフォーマンスをされて、勢いに乗せてしまうと大変なことになる。反対に、ジャパンが立ち上がりにしっかり戦って得点を重ねることができれば、彼らは「今日はボクたちの日ではない」という感じになって、あまり力を発揮できなくなる。

15年ワールドカップのサモア戦は、そうしたプランが上手くいったケースだった（26―5）。

ジャパンとしては、準々決勝に出るために4トライ以上挙げてボーナスポイントを獲得したい試合だったが、それでもキャプテンのリーチ選手は、サモアのアタック力を警戒して、少しでも確実に点差を広げるために、五郎丸選手にペナルティゴールを狙うよう指示し続けた。前半にペナルティトライと山田《やまだ》章仁《あきひと》選手のトライで20―0としながら、後半も手堅い戦いを続け、26点のうち12点を五郎丸選手のペナルティゴールで挙げたのだ。

見ていてトライを狙うべきでは――と思ったファンも多かったかもしれないが、ジャパンは後半24分にカウンターアタックからトライを奪われている。

こういう怖さがあるから、相手をノリノリにさせないような戦い方が大切なのだ。

今回のワールドカップでも、ジャパンはサモアと対戦するが、かつてサントリーサンゴリアスでプレーし、前回のワールドカップでもスタンドオフを務めたトゥシ・ピシ選手が出場するかどうかがひとつのカギだ。

チームにゲームをコントロールできる選手が少ないので、ピシ選手のような、しっかりゲームをコントロールできる選手が出てくるとやっかいなチームになる。

実際、彼らは15年にジャパンに負けた1週間後に、スコットランドを相手に33—36と大接戦を演じ、あわや勝ちかけた。トライ数も4本対3本でスコットランドを上回っていた。

今大会でも、両者の対決は楽しみだ。

大会後のサモアは調子を落とし、今回のワールドカップ予選では、フィジー、トンガに敗れてドイツ代表とのプレーオフに回り、ようやく出場権をつかんだ。それでもポテンシャルが高いことに変わりはなく、要注意のチームだ。

ニュージーランドと南アフリカが激突するプールB

プールBでは、ニュージーランド対南アフリカという前回の準決勝カードの再現から大会が始まる。この試合の勝者がプールB1位に、敗者が2位になる公算が高い。

南アフリカは、前回の大会で僕たちが破った相手だが、彼らはグループリーグの初戦である日本戦ではなく、決勝ラウンドを見据えてチームを作り、コンディションを整えていた。そこにジャパンがつけいる隙があったが、常にポテンシャルの高いチームで、サイズと力強さに定評がある。セットプレーも強く、バックスにはスピードと身体能力に恵まれた選手が控えている。

僕は、一度は南アフリカに行ってみたいと思っているが、残念ながらまだ行ったことがない。

ニュージーランドは、僕が一番注目しているチームだ。

彼らは「良い人間でなければ良いオールブラックスになれない」という哲学を持っていることが素晴らしい。

チームに関するブランディングやプロモーションも優れていて、ラグビーにとどまらず世界のスポーツ界からも注目されている。

単純に強いだけではなく、世界にラグビーを広める伝道師のようなミッションを帯びているように見える。他の国が、「ワールドカップで勝ちたい」「優勝したい」といったことを目標に活動しているのに対して、オールブラックスは、それよりもひとつ上の価値を見て活動しているように思う。その点で、頭ひとつ抜けた存在だ。

13年に秩父宮《ちちぶのみや》ラグビー場でニュージーランドと対戦した印象は、シンプルに「上手い」

「速い」「賢い」の3つに尽きた。

コンタクトの当たりやフィジカルはさほど強いと思わなかったが、いつの間にか点を取られて、スコアだけが開いていったことを覚えている。試合中に、「オレたち攻めているのにもうこんなに点を取られているんだ」みたいな感じ――と言えば、わかっていただけると思う。ボコボコにされた印象はないのに、50点を取られた（6―54）。キックを蹴り込まれ、自陣でターンオーバーされてトライを奪われるパターンが多かった。

メンバーには、ナンバー8にレジェンドのリッチー・マコウ選手がいて、福岡堅樹選手のトライをギリギリで阻んだ場面があった。非常にタフなプレーヤーだった。

ニュージーランドの人たちは、すごく自然を大切にする。

彼ら自身も自然のなかで生きているような印象だ。

日本は、人工的な、造られた環境のなかで人々が生きているが、そうした人工的なものが少ない。恵まれた自然のなかで、人生を楽しんで生きているのだ。

家族を大切にするし、そうした優先順位が明確だ。

自然のなかで「生かされている」と感じているのだろう。

ニュージーランドの文化には、先住民族であるマオリの文化がしっかり根づいていて、国歌もマオリ語から始まり、英語へと続く。レガシーに象徴される「先代」や「祖先」を大事にする国民性だ。

東芝ブレイブルーパスでいっしょにプレーしたニュージーランドの選手たちからも、「自分が日本を離れるときには、今着ているこのジャージーの価値を上げて去りたい」という強い思いが感じられた。

それがとても印象的だった。

この2カ国と同じプールに入ったのが、イタリア、カナダ、ナミビアだ。

イタリアは、２０００年からシックスネーションズで戦っているが、なかなか結果を残せずにいる。19年も全敗だった。ワールドカップでも、まだベスト8に入ったことがない。今回も、非常にタフなプールに入った。

カナダとは、僕もジャパンで対戦しているが、国の東側、ケベック州がフランスとゆかりが深いこともあって、フランスでプレーしている選手が多く、フィジカルが強い。フォワードはひとりひとりが強いし、バックスにもスピードのある選手がいた。速くて強い印象だ。

07年、11年と2大会連続でジャパンと引き分けたのもカナダで、07年のときは、大西将《おおにししょう》太郎《たろう》さんが劇的な同点コンバージョンを決めた。この場面を覚えている方も多いだろう。

第2回大会ではベスト8に勝ち残った実績もあるが、今回のアメリカ地区予選では、アメリカ、ウルグアイに敗れて3位となり、敗者復活戦に回って、ようやく出場にこぎ着けた。

ナミビアは、まだワールドカップで勝ったことがない国だ。前回大会でもニュージーランド、トンガと同じプールで、ニュージーランドに14―58、トンガに21―35と敗れている。それでも、相手が中4日だったとはいえ、ジョージアに16―17と接戦を挑んでいる。今回は、初勝利を挙げることができるかが注目ポイントだ。

さて、ジャパンがプールAを2位で通過すると、準々決勝では、このプールBの1位チームと対戦する。

ということは――おそらくニュージーランドとの対戦になる可能性が高い。

もし、このカードが実現したら、僕は何をおいても絶対に見たい。

僕たちのジャパンは、3勝しながら勝ち点差で準々決勝に進出できなかったが、その舞台に上がった日本代表がどんなパフォーマンスをするのか見てみたいのだ。

ましてや相手はオールブラックスだ。日本中が注目する大一番になるだろう。

そのときスタジアムがどんな空気になるのか楽しみだし、ぜひ肌で感じてみたい。

ジャパンは95年の第3回大会でオールブラックスに大敗して、その2年前にスタートしたサッカーJリーグの影響とともに、ラグビー人気が陰る要因を作ってしまった。

あまり思い出したくない記憶ではあるが、そんな過去を払拭《ふっしょく》して、ようやく今、ワールドカップを開催するところまでこぎ着けた。その意味では、この準々決勝が実現すれば、日本ラグビーの本当の意味での新しい一歩となるだろう。

僕たちが、前回のワールドカップに臨むときに、みんなで誓い合ったことも「日本ラグビーの歴史を変えよう！」だった。これまでの日本代表の歴史を変えて、みんなに憧《あこが》れられる日本代表になりたいという思いが非常に強かったのだ。

その思いを引き継いだ今の日本代表が、新しい歴史を作ってくれることを期待している。

強豪がひしめく「死のプール」C

このプールには、イングランド、フランス、アルゼンチンと強豪が集まった。

ワールドカップでよく言われる「死のプール」だ。

イングランドは、エディー・ジョーンズさんがヘッドコーチを務めているので興味を持って見ているが、リーダーシップ・グループが上手く機能していないような報道もある。スタンドオフのオーウェン・ファレル選手が共同キャプテンとしてリーダーを務めているが、彼はタイプ的には、ゲームリーダーではあってもチームのリーダー向きではないような気がする。

19年のシックスネーションズでも、初戦でアイルランドに32―20と快勝して好スタートを切ったものの、ウェールズ戦では前半を10―3といい内容でリードしながら終盤に逆転され、13―21で敗れている。最終戦でも、スコットランドを31―7と大きくリードしてハーフタイムを迎えながら、後半に31―38と逆転され、最後にようやく追いついて引き分けに持ち込んだ。

今回同じプールに入ったフランスには44―8と快勝しているが、フランスは、これまであまりいい成績を残せていないものの、ワールドカップ前にダメなときに限って、本番で力を発揮することがある。

11年のワールドカップでも、フランスは、グループリーグでニュージーランドに17―37

と完敗しながらしぶとく決勝戦へと勝ち上がり、同じニュージーランドに7─8と死闘を繰り広げている。普段はチームもバラバラな印象だが、ここぞというときにはみんながひとつになって力を結集する。

本当に予測がつかないチームだ。

アルゼンチンは、前回大会のベスト4でもあり、面白い存在だ。

スーパーラグビーのジャガーズに代表選手を集めてずっといっしょに戦っていて、19年にはついにファイナル進出を果たしている。優勝こそ逃したが、自信をつけたことだろう。チームの骨格はできている。

今回は、イングランド、フランスと同じ非常に厳しいプールに入ったが、この難局をどう打開するか。その意味では、最初にぶつかるフランスとの戦いが大きなカギを握っている。

ちなみに、07年大会では、アルゼンチンは開幕戦、3位決定戦とフランスと2回戦い、フランス開催だったにもかかわらず、どちらも勝利を収めている。

意外にフランスとの相性はいいのかもしれない。

この〝3強〟に挑むのが、トンガとアメリカだ。

トンガは、フィジカリティがとにかく強く、巨体を活かして激しくコンタクトをしてくるのが特徴的。アマナキ・レレイ・マフィ選手を思い浮かべてもらえば、よくわかると思う。

彼らもサモアと同じようなメンタリティを持っていて、ノリノリになると力を発揮する。菊谷崇《きくたにたかし》さんがキャプテンだった11年大会のトンガ戦では、立ち上がりにジャパンが自陣ゴール前からアタックを仕掛けたところでボールを落とした。そこからトンガが先制トライを挙げたが、これで試合の流れが決まった（18―31）。トンガは、立ち上がりすぐにゴール前のスクラムを得たことで、「今日はボクたちの日」だと思ったのかもしれない。

だから、彼らの調子は、立ち上がりを見ればだいたいわかる。

実際、マフィ選手も、試合の立ち上がりに凄《すご》いプレーをすると手がつけられないが、反対にビシビシとタックルに入られて思うように前に出られないと、そのうちにフラストレーションを溜《た》め込んでプレーの精度が落ちることもある。

そういう選手が15人集まったチームだと思ってもらえれば、わかりやすい。

トンガも、11年大会ではフランスから19―14と記念すべき勝利を挙げている。ただ、僕たちのジャパンと同じように、フランスと2勝2敗で並びながら、勝ち点差で準々決勝に進出できなかった。

アメリカも、僕は現役時代に対戦した。

こちらは、ラグビーはさほど上手ではないが、個々の身体能力が高く、そこそこいい選手がいる印象だった。ただ、実際に試合をすると、僕はカナダの方が嫌だった。

今はアメリカの方がカナダよりもランキングが上になったが、これは国内でリーグ戦を行なうようになった効果ではないか。

アクの強い〝個性派〟ぞろいのプールD

プールDも、プールCに負けず劣らず強いチームがひしめく激戦区となった。

ウェールズは、19年８月現在のランキングで世界１位となった。この年のシックスネーションズでグランドスラム（全勝優勝）を達成し、これでテストマッチ14連勝を記録した。スタンドオフのガレス・アンスコム選手やダン・ビガー選手がゲームをコントロールし、抜け目なく着々と得点を重ねて勝つ印象だが、全体的にオーソドックスで、特徴がもうひとつつかみにくかった。

僕にとってウェールズは、忘れられない対戦相手だ。

13年に秩父宮ラグビー場で、彼らを23—8と破った試合は最高だった。

このときのウェールズは、ブリティッシュ＆アイリッシュ・ライオンズ（ホームユニオン4協会の代表チーム）のオーストラリア遠征で主力が来日していなかったが、それでも、秩父宮で対戦したなかには、ビガー選手やリーアム・ウィリアムズ選手（ウイング／フルバック）といった、現在も代表に主力として名前を連ねる選手がいた。

試合中は、そんなウェールズの選手たちが、暑さでバテているのがよくわかったし、満員になったお客さんにも後押しされて勝つことができた。

僕は、その前の週に花園ラグビー場で行なわれたテストマッチ第1戦（18—22）を負傷で欠場していたから、試合前には「これで負けたり、自分のパフォーマンスが悪かったらヤバいな」という危機感もあって、かなり緊張していた。ところがグラウンドに出ると、満員のスタンドが見えた。僕は、スタンドを埋めてくれたみなさんから勇気をいただいて、「よし、やるぞ！」と気持ちが昂《たか》ぶったことを覚えている。

試合前の選手たちは、みな気持ちを昂ぶらせている。

フォワードの選手は特に、最初から身体を相手に激しくぶつけるので緊張感をみなぎらせ、昂ぶっている。バックスの僕たちも気持ちを昂ぶらせているが、同時に、これからどう戦うか、頭の片隅では常に冷静さを保っている。そうした昂ぶる気持ちや緊張感と、頭を冷静に保つことのバランスは、ポジションによっても違うし、ひとりひとりの個性によっても違うが、この試合の僕はとてもいいバランスでキックオフを迎えられたのだ。

当日の天気も、最初は曇りがちな予報だったが、どんどん晴れて暑くなった。僕自身、暑くなったことを喜んだし、さまざまなことが味方をしてくれた。

典型的な、ホームでの輝かしい勝利だった。

試合が終わったあとは、「ああ、勝てて良かった！」とホッとした。でも、ウェールズからの初勝利ということもあって、歴史が変わった瞬間だと思うと、ムチャクチャ嬉しかった。周りの人たちが喜んでいるのを見て、さらに嬉しい気持ちが増してきたのも覚えている。

ここでウェールズに勝ったことで、「日本のラグビーが変わった」ことをファンのみなさんにお見せできた――その点でも大きな意味があった試合だった。

このウェールズにチャレンジするのが、前回の準優勝国オーストラリアだ。

オーストラリアは、このところ成績があまり良くなく、チームも上手くいっていない印象だ。ただし、ニュージーランドに勝った。まだまだわからない。

ただ、オーストラリアの人たちは、エディーさんがそうだったように、とてもデータにこだわり、新しい発想をラグビーに持ち込むことがある。

ニュージーランドの人たちと同じように自然を大切にしているが、一方でとにかくデータにこだわる。GPSをラグビーのトレーニングに初めて導入したのもオーストラリアだ。その点では、データよりも自分の感覚を大切にするニュージーランドの人たちとは明らかに違う。

パナソニック ワイルドナイツのロビー・ディーンズ監督はニュージーランド出身だが、確かGPSをほとんど使わなかったはずだ。

両国は、タスマン海を挟んだ隣同士ではあるけれども、国民性はかなり違うのだ。

ウェールズとオーストラリアの間に割って入り、ベスト8を狙っているのが、フィジーだ。僕がエディーさんのもとで12年に対戦した（19―25）経験で言うと、とにかくタックルが激しい。身体ごと飛んでくる感じだ。僕は、脳しんとうを起こした記憶がある。

フィジーのラグビーは、彼らが16年のリオデジャネイロ・オリンピックの男子7人制ラグビーで初代ゴールドメダリストに輝いたことからもわかるように、トリッキーなパスや相手にタックルに入らせてからボールをつなぐオフロードパスが、みなさんには印象的だと思う。

しかし、僕にはタックルの厳しさの方が強烈だった。

ちなみにフィジーは過去に、87年の第1回大会と、07年の第6回大会でベスト８に進出している。07年は、ウェールズと同じプールだったが、最終戦で38―34と競り勝っている。

今大会で、その再現がなるか。

ジョージアは、前回大会でプール３位に入り、今大会の出場権を得た。

僕も、12年の秋にヨーロッパに遠征し、ジョージアとテストマッチを戦った（25―22。このときはグルジアと表記されていた）。

そのときを振り返れば、この人たちは、ラグビーではなく、80分間スクラムをプレーしていたような印象だった。大相撲の栃《とち》ノ心《しん》関がジョージア出身と言えば納得していただけると思うが、ああいう筋肉質の巨漢たちが、嬉々《きき》としてスクラムを組む。フォワードの多くがフランスのトップ14でプレーしていて、スクラムに並々ならぬこだわりを持ち、しかも強い。

バックスにはそれほど印象的な選手はいなかったが、ロングキッカーがいて、長いキックで地域を獲得してくる。

12年の遠征では、ルーマニアとも対戦したが、こちらもジョージアと同じようなチームだった。ただ、ルーマニアは、17年に来日したときがそうだったように、南太平洋出身の選手たちを居住させ、彼らを代表に選んでワールドカップに乗り込もうとした。

しかし、その選手たちが、のちにエリジビリティを満たしていないことが発覚して失格となった。失格にならなければ、ロシアではなく、日本と同じプールAには、ルーマニアが入っていたはずだったのだ。

こうした個性の強いチームのなかに入ったのが、最近力をつけ始めたウルグアイだ。僕は、15年にワールドカップ開幕前の壮行試合で対戦したが、ラグビーの特徴がほとんど記憶に残っていない。当時はあまり強くない印象だったが、4年経った今回はどんなパフォーマンスを見せてくれるのだろうか。

以上が、日本で開催される第9回ワールドカップに出場する20チームのプロファイルだ。おそらく、このなかから事前情報をいい方向に裏切って、センセーションを巻き起こすようなチームが出てくるはずだ。ちょうど、前回の僕たちのように。

それが、今回も日本代表であることを、僕は願ってやまない。

〈参考文献〉
『オフサイドはなぜ反則か　増補』中村敏雄、平凡社
『ワールドカップの回想　～サッカー、激動の世界史～』ジュール・リメ著、川島太郎・大空博訳、牛木素吉郎監修、ベースボール・マガジン社

第4章　僕がラグビーを大好きな理由

No side
試合終了

前章では、ラグビー・ワールドカップがどのような大会であるかを説明した。

僕自身は、前回のイングランド大会が初めて参加したワールドカップだった。

大会前には、さまざまな日本代表ＯＢから「ワールドカップは特別な大会だ」と聞いていた。

だから、大会の雰囲気に呑《の》み込まれないために、極力特別な大会であると思い込まないよう気をつけていた。大会の素晴らしさを満喫するだけでなく、いかに平常心を保ち、チームとして予定されたひとつひとつの試合に、普段通り準備して臨むかに心を砕いていたのだ。自分たちのミッションである「日本ラグビーの歴史を変えて、憧《あこが》れの存在になる」を達成することに集中していた、と言い換えてもいい。

僕のなかには、「ワールドカップまできたら、もう僕らのもんだ」という気持ちもあった。

４年近くの時間をかけてそれだけの準備をしてきたし、その過程で自分たちの持てる力を出し切った自負もあった。僕自身が試合に出られなかったからかもしれないが、あとはもう、勝とうが負けようが僕たちにこれ以上できることはない――「負けたら申し訳ない」と結果を恐れるのではなく、「勝って日本ラグビーを変えたい」――という気持ちが強かった。

与えられた環境のなかで常にベストを尽くしてきた自負があったので、「結果なんか、やってみないとわからない」と、いい意味で開き直れたのだ。

そして、僕たちは勝った（3勝1敗）。

日本代表のすべての試合が終わり、勝ち点差でベスト8に残れずに帰国することになったときには、自分の仕事が終わったという感覚になっていた。日本国内で、南アフリカ戦の勝利をきっかけに大変なラグビーブームが起こっていると聞いていたので、非常に幸せな気分だった。

だから、そのまま英国に残って準々決勝を見たいという気持ちにはあまりならなかった。すべてが終わったので、心を休めたい気持ちが強く、ラグビーもワールドカップも忘れて、平凡な日常が欲しいと本心から思ったのだ。

それは、2012年にエディー・ジョーンズHCの日本代表に選ばれ、キャプテンを任命されて以来、4年間ずっと日本代表のことを考え続けた日々の反動だったのかもしれない。

今となって振り返れば、ワールドカップはやはり素晴らしい大会だった。

僕がそれまでに経験したテストマッチとも、さまざまな面で大きく違っていた。

僕たちに寄せられる期待の大きさが違っていたし、スタジアムにいる観客の反応も違った。試合会場の雰囲気は素晴らしく、南アフリカに勝ったときのスタジアムの興奮ぶりは、おそらく一生忘れられないだろう。

この章では、そんな経験を通じて僕が改めて強く感じたラグビーという競技の魅力、そして、日本で開催されるワールドカップに向けて、僕が取り組んでいる「スクラムユニゾン」の活動などを紹介しながら、僕なりに考えたラグビーの魅力の「核」となる部分について話そうと思う。

ラグビーは、僕にとって、やはり特別なスポーツなのである。

ラグビー最大の魅力は「多様性」

ラグビーの一番大きな魅力は、何度も繰り返しているが、「多様性」だ。

プレーする選手たちはグローバルだし、ポジションも多様性に満ちている。

さらに、怖さに打ち勝つために勇気が求められるところも魅力的だ。

人間のさまざまな面を、ラグビーという競技は映し出してくれる。

たとえば、海外出身の選手のなかには、ワールドカップに向けたジャパンの強化合宿の最中に、「自分のコンディションを上げるためには一度帰った方がいい」という理由で本当に帰ってしまった選手がいた。

こういうメンタリティは僕たち日本人にはないので、これには本当に驚かされた。

でも、彼らは「自分がベストのパフォーマンスをするためには、ここは一度帰った方がいい」という考え方をする。そして、自分の意見をＨＣのエディーさんにきちんと主張できる。そこが、僕たち日本人の選手たちと違うところだ。

ただ、そういうメンタリティに驚くことはあっても、国籍や肌の色を気にしたことはない。それよりも、ひとりの人間としてどういう人間なのか、という視点で僕はジャパンの選手たちを見ていた。


そうした多様な人々のなかでも――つまり、今までラグビーを通じて出会った人たちのなかでも――一番強烈なインパクトを受けたのは、僕たち日本代表をＨＣとして率いてワールドカップに臨んだエディーさんだった。

エディーさんは、「日本は弱くて当たり前……」と、負けを認めてしまうような僕たちのマインドセット（心構え）を、根本から変えてくれた。それも、のちのちまで残るような強烈なインパクトで。

エディーさんには日本人の血も流れているが、僕から見れば、あまり日本人に近い印象は受けなかった。

見た目もそうだが、外国人のマインドを持った人というのが僕の印象だ。

あれだけ世界のことを知っていて、プランニングが上手《うま》く、人の気持ちまで考えてマネジメントできるような人には、それまでに出会ったことがなかった。

しかしそれ以上に、あそこまで厳しく人に当たれる人もやはり出会ったことがなかった。

実際、僕はよく怒られた。

僕がキャプテンに任命された２０１２年の春シーズンには、香港《ホンコン》代表との対戦を前にしたウィークデイの練習が、試合の準備をするマインドになっていないと怒られた。

「こんな練習でいい試合ができるのか？　もう練習はやめだ！」と、言われた記憶がある。

同じ年のフレンチ・バーバリアンズ戦のあとでは、負けた試合だったので、僕はキャプテンとしてのコメントを終えたあとに、もうこれ以上言うこともないな……と思って苦笑いした。とたんに「Not funny!!（何がおかしいんだ！）」と記者会見場で怒られた。

あれは日本ラグビー全体に対しての一言だと思うが、そういうところから僕たちのマインドセットを変えていったのだ。

2年目も、前章で触れたウェールズ戦の直後に行なわれたカナダ戦を前に、エディーさんとやり合ったことがあった。

僕たちがエディーさんに相談しないまま、少しネガティブなサインプレーを作った。ネガティブというのは、アタックを仕掛けるのではなく手堅くゲームを進めるようなやり方で、このときは、自陣22メートルラインの外側でラックができたときに、一度22メートルラインのなかにボールを戻してコンタクトを行ない、ラックを作る。そこからタッチに蹴《け》り出そうというようなプレーだ。

このカナダ戦は、ワールドカップでの日程を見据えて、中3日の短いインターバルで試合に臨むことになっていたが、そのためにネガティブなサインプレーを作ったわけではない。あくまでも、戦術のひとつとしてこういうオプションがあってもいい、くらいの気持ちだった。

エディーさんも、そういうプレーを選択する時間帯があってもいい、というようなことを言っていると聞いていた。もちろん、僕たちに、エディーさんに刃向かう気持ちはまったくなかった。

けれども、そのプレーを試合前に伝えると、「オレは聞いていない」と怒り出したのだ。事前に伝えずに進めたことも含めて僕たちが悪かった。しかしながら、そこまで怒るのかというぐらい執拗《しつよう》に怒られた。その日はほとんど寝られなかった。その翌日にはカナダとのテストマッチを控えており、コンディションは酷《ひど》い中での試合になった。

詳しくは後述するが、ワールドカップの前年（14年）にキャプテンから外されたことも強烈に覚えている。

15年のワールドカップ直前にも、スーパーラグビーに参加する新チーム、サンウルブズとの契約内容が改善されるまで、契約書に署名しなかったことで、激しくやり合った。エディーさんが、僕たちにワールドカップで勝って欲しいという気持ちを持っていたことは事実だった。僕たちが、まだそのスタンダードに達していなかったのも確かなことだ。だから、そういう僕たちのマインドセットを変えるために、ものすごいパワーをぶつけることが必要だったのだろう――と、今は、考えることができる。それでも、エディーさんとのやりとりはきつい思い出の方が多く、強烈に記憶に残っている。

僕もエディーさんも、ジャパンから離れた今は利害関係もないから、純粋にラグビーが好きで「昔、いっしょに戦った仲間」という気持ちになれると思う。しかし、ジャパンにいた当時は、決して友だちと言えるような関係ではなく、あえて言えば「同志」という関係だった。

ラグビーが教えてくれた「議論する」文化

一般に、日本人は意見の衝突を嫌う傾向がある。

僕らのマインドには「ムラを大事にする」といった気持ちが根づいているし、「忖度《そんたく》」や「空気・行間を読む」といったことを大切にする。これは、文化として「和」を重んじるところに通じているが、海外の人たちはそうではない。

ラグビーは、第3章で説明したように、英国生まれのスポーツで、議論のなかからルールが作り上げられたスポーツだ。だから、今でもちゃんと議論するところは徹底的に議論をする。意見を衝突させる必要があれば、恐れずに意見を戦わせる。

プレーの面でも、ボールの争奪をするために激しく肉体をぶつけ合う。

つまり、ラグビーという競技の構造は、日本的な文化に馴染《なじ》まないような価値観に基づいているとも考えられる。だから、国内の人材だけで戦う場合にはなんとかなった。しかし、グローバル化が進むにつれて、従来の日本式では停滞していく。

そんな停滞を打開するために、本来のラグビーの姿は、ラグビーに限らず日本の社会にとって価値があると、僕は考えている。

ラグビーが示してくれる、議論やぶつかり合い、激しいコンタクトを恐れずにいいものを作ろうとする価値観は貴重である。その部分に誇りを持ち、日本に普及させていきたい。

僕がラグビーを始めたのは5歳の頃だ。

最初は練習に行きたくないと思ったこともあったが、早い時期に楽しさに目覚めた。友だちといっしょにラグビーをやることも、ボールを持って走ったり、トライをしたりすることも楽しかった。

僕のなかに、ラグビーをやっている時間が「楽しい時間」として記憶され、以来、一貫してラグビーを楽しいものだと思っている。

高校時代は、まず勉強が第一で、どん欲に勝利を追い求める環境ではなかった。勉強の時間を工夫してラグビーの時間を作っていた。僕の学年は、最後は部員が5人になったので、その分、同期のみんなで自由に意見を言い合えた。

高校のラグビー部を離れて高校日本代表やU19日本代表に選ばれたときは、環境としても、メンタル面も含めて初めて本当に「勝利」を意識してラグビーに取り組んだ。

慶應義塾大学時代は、オーストラリアに留学していた林雅人《はやしまさと》さんがコーチだったので、ブランビーズ流の、徹底してパスを継続するラグビーに取り組んだ。けれども、ラグビー部のなかでお互いに激しく意見をぶつけ合うようなことは少なかったのではないか。だから思うように勝てなかったのだ——と、今は思っている。

大学自体が、付属校から内部進学してきた学生と、僕たちのように外部の公立高校から入ってきた学生がいて、さらに湘南藤沢《しょうなんふじさわ》キャンパス（SFC）に推薦で入ってきた学生がいるという、少し特殊な環境にあったことも影響しているのかもしれない。それぞれ背景が違う人間たちが、心の奥で考えていることまでぶつけ合うことができたかというと、たぶん、目的を達成するためには少し足りなかったと記憶している。もちろん仲は良かったのだが、戦う集団にはなれなかった。

大学選手権で関東学院大学に負けたことも、ひとつの転機だった。

当時の関東学院は、みんながラグビーを好きで、楽しみながら実力を存分に発揮していた印象だ。試合中から「強いな」と感じていたし、山村亮《やまむらりょう》選手がキャプテンで、彼を中心にしたファミリーのような雰囲気が良く、負けた僕が言うのもおかしな話だが、彼らを見て、素晴らしいチームを作ったなと思っていた。社会人でもう一度ラグビーをちゃんとやろうと思い直したくらいだ。

東芝ブレイブルーパスに入ると、このチームはすごく「ファミリー感」があって、個人の判断を重要視するチームだった。仲間を思いやるような人間の感情が重んじられていて、僕にはそこが魅力的だった。

もちろん、ラグビーの楽しさの質も変わった。

プレーのレベルが上がったことで、「好き」の度合いも増した。

人を大事にするのが、東芝というチームの文化だ。

練習が厳しいのも、お互いに激しくコンタクトするのも、そういう文化のなかで、ひとりひとりの部員たちがお互いを尊敬していたからだ。尊敬し合う気持ちがあるからこそ、薫田《くんだ》真広《まさひろ》さんが監督時代の「親に見せられない練習」も、いくら激しくぶつかり合ってもそこに倫理があって、一線を越えなかった。ラグビー選手である以前に、お互いを人間として認め合っているから楽しかったし、そういう人間くささが大好きだった。ひとりひとりの仲間の顔があって、その上にラグビーがあるような感じだ。

そうした経験を踏まえて、エディーさんのジャパンに僕は選ばれ、キャプテンになった。

僕がキャプテンとして12年4月にチームのみんなに言ったのは、「チームのことを好きになって欲しい」ということだった。そして、「このチームはいいチームだ、と発信しよう」ということだった。ラグビーの細かい部分よりも、自分たちがナショナルチームとしてどういうマインドを持つか、ということを話したのだ。

エディーさんがそれをどう考えたのかはわからないが、そういう過程を通して、ジャパンに選ばれた選手たちとの人間関係が深まると、僕はよりこのチームのラグビーに愛着を覚えた。

ラグビーのスタイルがどうこうではなく、「こういう仲間といっしょに何かを成し遂げたい」「こういう仲間といっしょにラグビーをやりたい」という気持ちになるのだ。

つまり、僕にとってのラグビーとは、仲間と良い関係を深めることやみんなで喜ぶための「ツール」のようなところがある。もちろん、そういう目的を達成するためにはラグビー以外のことに取り組んでもいいのだが、自分が子どもの頃から取り組んだラグビーは本当に素晴らしいスポーツだった。

それが、非常に良かったと思っている。

代表チームのキャプテンであることの重圧と喜びを越えて

チームへの愛着が深まるなかで、ジャパンのキャプテンを外されたことは辛《つら》かった。

もちろん、国を背負う代表チームのキャプテンは、凄《すご》い覚悟を持ってやらなければならない立場である。その分、喜びも大きいが、プレッシャーも凄い。エディーさんとの関係も大きなプレッシャーだったし、テストマッチに勝たなければならないというプレッシャーもあった。

実際、このとき外されずにワールドカップまで４年間キャプテンを続けていたら、僕はどうなってしまったのか――と思うくらい、プレッシャーは強かった。

ところが、そのキャプテンという立場から外れると、チームのなかに居場所がなくなったような気持ちになった。

それまでの僕にはキャプテンとしてチームに貢献してきた自負があり、プレッシャーを感じると同時に、貢献できることを嬉《うれ》しく思う気持ちがあった。ところが、キャプテンを外れると、これからチームにどう貢献すればいいのかを考えて、居場所を見つけなければならない。その対応がムチャクチャ難しかった。

もちろん、居場所が見つかれば、そこでチームに貢献できるが、見つからないと「オレって何なんだろう？　何のためにここにいるんだ？」という気持ちになる。

僕は、後任となったリーチ マイケル選手との関係が良好だったから、まず「マイケルのために」と考え、そして「いい関係が築けたチームの仲間たちのために何かをしたい」という思いになって、ようやく居場所を見つけた。

それでも、4月にキャプテンを外れてから、そう納得できたのは夏に入ってからだった。それだけ、僕のなかには日本代表に対する強い思いがあった。だから、よけいに居場所を見つけられないことが辛かったのだ。

僕をショックから立ち直らせてくれたのは、時間と、仲間の存在だった。

14年の春シーズンが終わり、東芝ブレイブルーパスに戻り、東芝のチームメイトや家族と会って話すことも立ち直るための大きな一歩となった。

ジャパンのメンタルコーチだった荒木《あらき》香《か》織《おり》さんの一言も大きかった。

僕がキャプテンを外されたことで悩みに悩んで相談したとき、こう言われたのだ。

「もう代表を辞めたら、ええんちゃう？」

その言葉で僕は、「あ、辞めてもええんや」と思うことができた。自らもう一度この場所にいたいと思えた。主体的に代表で何をするべきなのかを考えることができた。

リーチ選手とも、少し話した。

彼は彼で、「ジャパンのキャプテンは僕でいいのか」「僕の言葉では、みんなを引っ張ることができないのではないか」と、悩んでいた。

確かに僕がニュージーランドでオールブラックスのキャプテンをやることになったら、ムチャクチャ悩むだろうと思うと、彼の悩みはよく理解できた。だからこそ、彼をサポートしようという気持ちになったのだ。

11月に、ニュージーランドからマオリ・オールブラックスが来日して試合をしたときには、僕はメンバーに入れなかった。しかし、そのときチームの裏方として働く人たちを見て、「こういう人たちのおかげで僕は集中して試合に臨むことができていたのだ」と気がついた。

そうしたことがいくつも重なって、前向きに頑張る気持ちを取り戻したのだ。

年が明けてワールドカップ・イヤーの15年になると、今度は最終的な代表31名のなかに残れるかどうかで、エディーさんからもプレッシャーをかけられた。

いよいよワールドカップの舞台に乗り込んだときに、「ワールドカップまできたら、もう僕らのもんだ」という気持ちになれた背景には、僕自身のこうした気持ちの変遷もあったのだ。

それまでの道は決して平坦《へいたん》ではなかった。

しかし、僕には、4年間いっしょに「日本ラグビーの歴史を変えて、憧れの存在になる」ために苦楽をともにしてきた仲間がいた。そこまで人間関係が深まっていたから、「結果なんか、やってみないとわからない」と、いい意味で開き直れたのである。

僕にとってのラグビーは「多面体」である

このように、僕は周りの人間がどういう人であるかをまず見て、それから関係性の深め方を考える。僕の、こうしたアプローチは、現役を引退した今、講演などでラグビーの話をするときも変わらない。

相手が誰かによって、話題にするラグビーの「面白さ」を変えるのだ。

それが可能になるくらい、ラグビーは多面的な面白さを持っている。

たとえば、子どもたちにラグビーの面白さを伝えようとするときは、椅子の上に立って「僕たちはこんなに大きな、身長２メートルの選手にタックルしたんだよ」といった、わかりやすい話をする。

しかし、アナリストを相手に話すときには、具体的な数値を盛り込んだ方が、彼らの食いつきもいい。

先日は、ＧＰＳのロケーションデータを扱う人たちのイベントに行って、ＧＰＳが今のラグビーでどう活用されているかを話した。

今までは漠然と「強くなれ」と言われてやっていたトレーニングに、ＧＰＳのデータを活用することでどんな変化が起こったのかを、次のように話したのだ。

「これまでは、なんとなくウェイトトレーニングをしたりフィットネストレーニングをしたりしていた状態でしたが、ＧＰＳのデータを使うと、世界の強豪チームがどのくらい試合中に走っているのかを数値で見ることができました。同時に、僕たちがそれよりも低いレベルにいることもわかりました。そこから、どのくらいのレベルまでフィットネスを上げなければならないか、そういうデータを客観的に見ることができたので、僕たちは頑張ることができました」

こう話せば、聞いている人たちが、ものすごく納得してくれる。

しかし、どういう人を対象に話をするにしても、ラグビーが多様性を持つ競技で、プレーも多国籍のチームによって行なわれることは必ず話す。

そうした、ラグビーの多様性について語り出せば、自然に選手同士がお互いにリスペクトし合っていることが話のなかに出てくる。

たとえば、僕は第1章で述べたポジションの特性上、スクラムを組んだことがないから、チームメイトのスクラム最前列にいるフロントローに対してリスペクトする気持ちを持っていることを伝える。そうすれば、リスペクトの対象が、対戦相手だけではなく仲間にも向いていることが相手に自然に伝わる。

そして、多様性から始まった話が、肉体をぶつけ合うときの勇気や、相手を思いやること、規律を守ること、といった部分につながっていく。

世界のラグビーを統括するＩＲＢ（国際ラグビーボード＝現ワールドラグビー）は、ラグビーの「コアバリュー」（もっとも大切な価値）を守るために、『ラグビー憲章』を定めたが、話は自然にこのラグビー憲章に重なっていくのだ。

ラグビー憲章が掲げる、５つの根本的な理念は以下の通りだ。

１　品位（INTEGRITY）
品位とはゲームの構造の核を成すものであり、誠実さとフェアプレーによって生み出される。

２　情熱（PASSION）
ラグビーに関わる人々は、ゲームに対する情熱的な熱意を持っている。ラグビーは、興奮を呼び、愛着を誘い、グローバルなラグビーファミリーへの帰属意識を生む。

３　結束（SOLIDARITY）
ラグビーは、生涯続く友情、絆、チームワーク、そして、文化的、地理的、政治的、宗教的な相違を超えた忠誠心へとつながる一体的な精神をもたらす。

４　規律（DISCIPLINE）
規律とはフィールドの内外においてゲームに不可欠なものであり、競技規則、競技に関する規定、そして、ラグビーのコアバリューを順守することによって表現される。

5 尊重（RESPECT）

チームメイト、相手、マッチオフィシャル、そして、ゲームに参加する人を尊重することは、最も重要である。

僕がイメージするラグビーの核心は、この憲章で謳《うた》われた5つの要素などで構成された「多面体」だ。

決して大きなものではないが、ぎゅっと凝縮されていて密度が高く、僕の心のなかに揺らぐことなく存在していて、いつでも取り出せる——そんな立体のイメージだ。

だから、僕がラグビーの魅力を伝えるときには、対象に応じてこの多面体のひとつ、あるいはふたつの面に光を当てて、もっとも伝わりやすいと思われるポイントを強調する。

対象が子どもならば、前述の理念のなかで、こういうことにフォーカスして話す。

「南アフリカに勝ったあとに、負けた選手たちが僕らと握手してくれたんだよ」

「僕はスクラムを組んだことがないし、ポジションによってみんな違う仕事をやっているけれども、最後は同じ目的のために頑張るんだよ」

「ひとりひとりがバラバラなことを考えていたら、いいチームができると思う？　みんながこのチームのために頑張りたいと思ったら、どんなこともできるよね」

「だから、いい仲間じゃないとダメだよね」

といった感じだ。

これだけで仲間を大切にすることや、信頼感を持つことの大切さが伝わると思う。

もちろん、対象が違えば話の内容も変わる。しかし、コアとなる部分は同じなのである。

みんなで国歌やアンセムを歌ってワールドカップを盛り上げよう!

こういう魅力的な多面体を「コア」にしたラグビーが、今よりももっと社会のなかで存在感を増して欲しい――というのが、僕が今、願っていることだ。

前回のワールドカップで、僕が素晴らしいと思ったことに、大会を支えたボランティアの存在がある。6千人から7千人のボランティア・スタッフが大会を支えてくれたと言われている。

今、日本でも「NO-SIDE」というプログラムをワールドカップ組織委員会が進めていて、全国の試合開催地を中心に、ボランティアの人たちの研修が行なわれ、大会に備えている。そうした形で、試合の運営に直接携らなくても普段の生活のなかで、海外からきたサポーターに道案内をしたり、困っているときに声をかけてあげるだけでも、ラグビー・ワールドカップに関わった経験になるだろう。19年のワールドカップが終われば、20年には東京オリンピック・パラリンピックが開かれる。

海外から日本を訪れる人の数は増える一方だろうし、そうなれば語学ができるボランティアの存在が非常に重要になってくる。その点で、19年のワールドカップは、「東京２０２０」に向けた体験を積む素晴らしいチャンスになると思うのだ。

語学だけではなく、それまであまり接したことのない国からきた人たちと交流し、いっしょに何かの経験を共有することができれば、それは、ひとりひとりにとっての貴重な財産となる。

ワールドカップでもオリンピックでも「レガシー（未来に引き継ぐべき遺産）」という言葉がよく使われるが、レガシーはスタジアムや施設といったインフラストラクチャーに限らない。ひとりひとりの心に残った、「海外からきた人たちといっしょに経験を共有できた」という手応《てごた》えも、レガシーなのである。

僕自身は、今、歌手の村田匠《むらたたくみ》さん、田中美里《たなかみり》さんや吉谷吾郎《よしたにごろう》さんたちといっしょに、「スクラムユニゾン」という活動に取り組んでいる。

これは、ワールドカップに参加する国や地域の国歌またはアンセムをみんなで覚えて、現地の言葉で歌おうというプロジェクトだ。海外からきた選手たちはもちろん、サポーターのみなさんにも喜んでもらえる活動だと思う。

このアイデアは、ワールドカップを盛り上げるために僕に何ができるか、を考えるなかで生まれてきた。

僕が日本代表としてテストマッチに臨むとき、『君が代』を歌うと気分が高揚した。

そのとき、観客のみなさんもいっしょになって歌ってくれれば、僕らの気持ちはさらに盛り上がる。もっといいプレーをしたいと思うし、心の底からすべての力を振り絞りたいと思う。

そういう経験があるから、このプロジェクトを思いついたのだ。

たとえば、日本でイングランド対フランスの試合が行なわれるときに、日本人の観客が両国の国歌を歌うのを聞けば、どちらの選手も嬉しくなるだろうし、より良いプレーをしようという気持ちになるだろう。それが試合を質の高いものにする。レベルの高い試合を見た観客も、よりハッピーな気持ちになる――そういう流れができれば成功だ。

もともとラグビーと歌は密接な関係がある。

たとえばスコットランドでテストマッチが行なわれるときには、試合前のアンセム『フラワー・オブ・スコットランド』を観客がいっしょになって歌い、ものすごく盛り上がる。バグパイプの前奏が終わった瞬間に、スタジアムを埋めた6万人を超える観客が一斉に歌い出すのだ。

ウェールズも、カーディフでのテストマッチでは、試合前にウェールズ語のアンセム『ランド・オブ・マイ・ファーザーズ』を7万人を超える観客が大合唱する。

あの雰囲気を、日本のみなさんに少しでも感じてもらうために、試合前にアンセムを歌ってもらいたい――そうすれば、日本にいながらにして本場のテストマッチの雰囲気に浸ることができるのではないか――そう考えているのだ。

同時に、アンセムを知れば、その国が見えてくる。

たとえば、南アフリカ国歌は、ズールー語、アフリカーンス語、英語などさまざまな言語でできている。さらに、国歌そのものが、アフリカ系の人たちがアパルトヘイト（人種隔離）政策時代からずっと歌い続けてきた反アパルトヘイトの抵抗歌『神よ、アフリカに祝福を』と、白人政権時代の国歌『叫び』をつなげたものだ。

映画『インビクタス／負けざる者たち』のなかにも、白人の代表選手が『神よ、アフリカに祝福を』を歌うことに抵抗感を示し、「テロリストの歌じゃないか」と言う場面がある。白人政権時代には公に歌うことを禁じられた歌だった。

そういう歌と、黒人が差別と抑圧の象徴として嫌っていた白人政権時代のアンセムをいっしょにして、今では肌の色を問わずに南アフリカ国民全員が誇らしげに歌っている——こういう事実を知れば、南アフリカという国が、よりリアルに理解できるようになるだろう。また、学校で教えられる歴史も、歌いながら、そして楽しみながら学ぶことができる。

歌を通して、いつの間にかその国のことを学んでいた、という形になれば、大会のレガシーとして素晴らしいものになると思うのだ。

また、そうやって世界の国々を学ぶことが、今度は、自分たちが生きている日本という国を見つめ直すきっかけになると、僕は考えている。

さらに、このワールドカップが、アジアの日本で行なわれるからこそ、こういう活動ができるという思いも僕のなかにはある。

たとえば、イングランドとスコットランドは、同じ英国という国に属していながら、民族も違うし、歴史を振り返れば、激しい戦いを繰り広げた時期があった。だから、イングランドの大会で「みんなでスコットランドのアンセム『フラワー・オブ・スコットランド』を歌おう」という活動は非常に難しい。何しろ、この歌は、14世紀にスコットランド軍が、イングランド軍を破ったバノックバーンの戦いをモチーフにしていて、スコットランド人にとっては誇らしく、イングランド人にとっては屈辱的な歌なのだ。

逆にスコットランドで、イングランドのアンセム『ゴッド・セイブ・ザ・クイーン』を歌おうと呼びかけるのも、かなり難しい。

91年の第2回ワールドカップは英国を中心に行なわれたが、スコットランド・ラグビー協会は、マレーフィールドで試合が行なわれるときに、パトロンであるアン王女（エリザベス女王の長女）の前で、観客が『ゴッド・セイブ・ザ・クイーン』にブーイングを浴びせないようにするために『フラワー・オブ・スコットランド』を「ラグビーアンセム」として採用したくらいなのだ。スコットランドが英国からの独立を求めて住民投票を実施したように、両国は複雑な関係にある。

しかし、これが日本という、ニュートラルな土地ならば、友好の証《あかし》として観客が選手たちといっしょにアンセムを歌うことが可能になる。

伝統国のしがらみに縛られない日本で行なわれる大会だからこそ、スクラムユニゾンの活動が可能だし、また意義があると思うのだ。

肩を組んで歌うから「スクラム」ユニゾン

スクラムユニゾンのもうひとつの意義は、みんなで肩を組んでいっしょに歌うところにある。

日本人のほとんどは、ひとりで外国の国歌を歌う勇気をなかなか持てない。それに、みんながバラバラに歌っても、さほど大きな効果は得られないだろう。また、歌う人たちの気恥ずかしさも、それほど緩和されないと思う。

でも、みんなで肩を組んで歌えば、歌声が一体となって誰の声かわからなくなる。隣の人の声に合わせるから自然に大きな声も出る。肩を組んで歌うことで、勇気をふるってもらうきっかけになる。

だからこそ「スクラム」ユニゾンなのだ。

この活動は、試合会場だけではなく、さまざまなところでも使えるはずだ。

たとえば、日本全国に散らばる各国のキャンプ地で、選手たちが到着したときに、小学生の子どもたちが大勢でその国の国歌を歌えば、選手たちはどう思うだろうか。

おそらく、ものすごく嬉しく感じるだろう。

子どもたちにとっても、一生忘れられない思い出になる。

しかも、たとえば、サモアやトンガ、フィジーのような、普段の学校の学習ではあまり詳しく学ぶ機会のない国への理解を深めるきっかけになる。それは、ヨーロッパのジョージアや、南米のウルグアイ、アフリカのナミビアについても言えるだろう。

その国の言葉で国歌を覚え、歌えるように練習を重ねることで、思いもかけない「総合学習」が可能になるのだ。こういった交流や、気持ちが通じ合った手応えも、ワールドカップの大きな「レガシー」になると思うのだ。


これまでのワールドカップは、すべてラグビーの伝統国で開催された。

こうした国々では、試合の3時間以上も前から、サポーターがスタジアム周辺に押しかけ、みんなでビールを呑んで語り合い、歌を歌って気勢を上げる。

試合が終わってからも、そのまま帰ることなく会場近くでビールを呑み続けて、試合についての話を延々とし続ける。あるいは、パブのようなところに行って、試合をサカナに盛り上がる。

つまり、40分ハーフのラグビーの試合を、丸１日がかりで楽しむのが、伝統的なワールドカップの楽しみ方だ。

今回のワールドカップを通じて、日本の人たちにも改めてそういう楽しみ方に気づいてもらいたいし、思いっきり楽しんでもらいたい。それが大会を盛り上げることに通じるだろう。

スクラムユニゾンの活動も、たとえば僕たちが作った各国の国歌の映像を、入場口にあるセキュリティ・ゲートの上で流してもらえないだろうかと、ワールドカップ組織委員会に提案した。

セキュリティ・チェックの順番を待つ間は、なにもすることがないのだから、退屈しのぎとしても、積極的に対戦国の国歌を覚えようとするためにも、有効ではないか。

つまり、どうしても我慢せざるを得ない楽しくない時間を、いかに楽しく過ごせるように仕掛けられるかが、大会を成功に導くカギになるのだ。

たとえば、家族で試合を見に行ったときに、お父さんは試合を見るのが楽しみかもしれないが、小さな娘さんにはそれほど試合は楽しみではないかもしれない。でも、試合の前後の時間が楽しければ、きっとまたラグビーを見に行きたいと思うようになるだろう。

あるいは、海外からきた人たちとの何かしらの交流——たとえばいっしょに折り紙で何かを作ったり、イベントに参加できるような仕掛けがあれば、単に試合を見るよりもずっと深く思い出に残るものになるだろう。友だちを作ることだって可能になる。だから、ラグビー以外の交流の場も欲しいのだ。

日本でワールドカップが開催されることで、これまで伝統国で築かれてきたラグビー観戦文化に、日本的なテイストが自然ににじみ出てくれれば、誰からも喜ばれる大会になるように思う。そういう積み重ねの末に、将来の日本のラグビー文化が豊かになれば、「ワールドカップ日本大会は大成功だった」と胸を張って言える。

もちろん、ワールドカップ最大のコンテンツは、選手たちが力の限り戦う試合ではあるけれども、その前後も含めて丸1日をラグビーの文化や雰囲気に浸って楽しく過ごせれば、大会の成功につながるし、また、みんなの心に残るレガシーにもなる。

それが、僕が考える、ワールドカップ日本大会成功のイメージだ。

これからの日本は、少子高齢化が進み、人口が減る反面、海外からきた人たちといっしょに仕事をしたり、交流することが日常的に増えていくだろう。将来的にそういう社会で生きるであろう子どもたちが、ワールドカップをきっかけに、海外の人と交流して楽しかったイメージを持てれば、何歳になっても海外の人たちとためらわずに交流することが可能になる。

これまでの日本は、鎖国とまでは言わないが、海外との交流がまだまだ少なかった。だからこそ、今回のワールドカップを通じて子どもたちが海外の人たちとも交流し、その経験をもとに、こういうことをすれば海外の人たちと仲良くなれると学び、肌の色や言葉は違っても同じ人間だから友だちになれることを学べば、日本はもっと開かれた国になるように思う。

大人になると、言葉を間違えたらどうしようといったためらいが海外の人と交流する際に大きな壁となるが、子どもたちはいっしょに遊ぶうちに自然に友だちになることができる。

僕らも、海外の選手たちといっしょにラグビーをやることで、言葉の壁を越えて交流を深めてきた。

何かをいっしょにやることで、言葉の壁も文化の違いも肌の色も超越して友だちになれる——そういう経験の場を提供するのも、ワールドカップの大切な役割なのである。

「キャプテン塾」という、夢のプロジェクト

僕が理想として思い描く、ラグビーが日常に溶け込んだ社会というのは、次のようなイメージだ。

平日の午後に近所の学校を通りかかると、どの学校でも校庭でラグビーが行なわれている。

週末に河原に行くと、野球やサッカーに交じってラグビーをやっている光景が当たり前のように見られる。

家に帰ってテレビをつければラグビーが見られる。

ラグビーが非日常的なものではなく、ごくごく当たり前に触れられるものとして社会のなかに存在している——僕は、そんな理想像を思い描いている。

この理想を実現するためには、まずワールドカップを通じて、ラグビーという競技の存

在や、ラグビーが持つ価値を多くの方に知ってもらうことが最初の一歩になる。

ラグビーを知ってもらうところから、すべては始まるのだ。

ラグビーをやりたいと思った子どもたちが、すぐに始められるような環境を整えることも大切だ。

元日本代表の小野澤宏時《おのざわひろとき》さんや菊谷崇さんたちが今、「ブリングアップラグビーアカデミー」というプログラムに取り組んでいる。

慶應義塾大学もキッズアカデミーを始めている。

こういう取り組みが広がって、やがて「ラグビーをやりたい」と思った子どもたちが、全国どこでもすぐにボールに触れられるようになれば理想の実現は近づく。僕自身も、そういう草の根からラグビーの環境を整えるような取り組みに、携りたいと考えている。

同時に、僕自身、高校、大学、社会人、そしてジャパンとキャプテンを務めてきたので、さまざまなチームのキャプテンたちをサポートできるようなプログラムを今、考えている。

これも長いスパンの話になるが、５年なり10年なりをかけて、いいキャプテンを育てるような取り組みだ。

今は、仮に「キャプテン塾」と呼んでいる。

キャプテンは、実際にやってみると大変な仕事だ。

僕自身の経験を振り返っても、普段はそれほどポジティブなことは起こらない。たとえば「今日はうまくいって良かった」とひと安心しても、次の日には、同じことをやったにもかかわらず、うまくいかずに悩む。そんな日々の繰り返しだ。

「どうしたらチームが成功し、目的を達成できるか」

「そのためにキャプテンが貢献できることは何か」

そういうことをずっと考え続けている。

しかも、チームは生き物であり、状況は刻々と変化する。

キャプテンもまた、変化に応じて取り組みを変えなければならない。

東芝ブレイブルーパスでキャプテンとなって2年目の08年度は、ようやくキャプテンであることに慣れ、自分なりに覚悟も決めて、チームは順調に白星を重ねた。しかし、その矢先に二度の不祥事に見舞われた。

このとき最初に考えたことは「なぜ自分がキャプテンのときに？　ついてない……」だった。

でも、ファンや家族、仲間のサポートに触れて考え方が変わった。

「ついてない」と嘆くのではなく、「今、何ができるのか」を考えるようになっていった。不祥事で一時的に中止していた練習を再開するときには、部員の前でスピーチをした。身体の内側からどんどん言葉が溢《あふ》れてくるような感覚になって、話の途中で涙を流した。この経験が、たぶん、僕がキャプテンとして進化できたきっかけだったように思う。

もちろん、最後に目標を達成して優勝できればキャプテンには大きな喜びもあるが、この一件やジャパンでのキャプテン交代劇を例に出すまでもなく、さまざまな場面でどうしたらいいのか悩むことが多い。

キャプテン塾のようなものを立ち上げられないかと考えるようになったきっかけは、僕自身が実際に感じた大変さや辛さがベースになっているのだ。

とはいえ、キャプテン塾では、僕が一方的に講義するようなつもりはあまりない。

それよりも、さまざまなレベルのキャプテンたちと会って話し、チームづくりについての悩みや、人間関係の悩み、理想とするチーム像といった、今コーチといっしょに取り組んでいる実際のラグビーから少し離れた問題について、いろいろと相談に乗ってあげたいのだ。

リーダーシップやキャプテンシーという言葉は、よく使われるわりには実態がどういうものなのか、ぼんやりしたイメージしか持てない人間が多いと思う。

そういう悩めるキャプテンたちに向かって、キャプテンシーやリーダーシップとはどういうものかを「見える化」してあげるようなイメージだ。それに、自分が抱えている悩みを話すだけで、何が本当に問題なのかが、彼ら自身にも見えてくるはずだ。

僕から「こうやるべき」と教えるのではなく、今までに取り組んできたことや、今取り組んでいることに耳を傾け、そこにどういう問題があって、どんな解決法があるのか、いっしょに考える。そういう過程を通じてリーダーシップが養われていけばいいと思うのだ。

個人を相手にカウンセリングするような形もいいが、若いキャプテンたちを集めて、グループでいっしょに話し合い、考えるような取り組みをすれば、グループ全体に「知」が広がる。いわば、「キャプテン学」という、ひとつの学問ジャンルを作りあげられれば、長く将来にわたって多くのリーダーを育てるのに貢献できるだろう。

そうやって、日本の社会にラグビーが根づいていけば理想的だ。

もちろん、僕ひとりの力では限界がある。

だからこそ、どういう仕組みを作るのがいいのか、今、頭を悩ませている。それこそ、菊谷さんたちの取り組みや、慶應義塾大学のプロジェクトなどと連動していくのもひとつの方法だ。

特に慶應義塾大学ラグビー部は、慶應ＳＤＭと連動していて、子どもたちの「心」を大切にしている。心の成長を可視化するような取り組みも始めている。リーダーを２週間ごとに交代させて、さまざまな子どもにリーダーをやらせるような取り組みも始める。そうすることで、リーダーの気持ちも、フォロワーの気持ちもわかるようになる。

僕自身、リーダーシップをそれほど大げさなことだとは考えていない。

たとえばふたりで、どこでご飯を食べるか決めるときにも、自然にどちらかがリーダーシップをとるわけだし、誰もが状況に応じてリーダーになり、フォロワーになる。

そんな構造への理解が、スポーツを通じて広まればいい。

昔は、子どもたちが広場に集まって缶蹴りをしたり、草野球や草サッカーをしたりするなかで、リーダーとフォロワーの役割が自然に培われた。しかし、今は子どもたちがそういう遊びに熱中できるような環境が、物理的に少なくなっている。

だからこそ、ラグビーのようなスポーツが、子どもたちが楽しみながら自然にリーダーシップを身につけるきっかけになれば、と今は考えている。

日本を越えて、アジアにもラグビーを！

日本でワールドカップが開催されることが決まった２００９年、この大会がアジアで初めて開催されるラグビーのメジャー・イベントであることが強調された。

いわば、日本がアジアを代表してワールドカップを開催する――と、考えてもいい。

現状ではアジアのラグビーのレベルはまだワールドカップの水準にはほど遠く、日本以外に出場した国はない。かつては日本と韓国が「アジアの盟主」をかけて激しく戦った時期もあったが、03年にジャパンラグビートップリーグが開幕して以降、両者の差は開く一方で、日本はアジアでナンバーワンの地位をずっとキープしている。

ところが、将来的な日本ラグビーの強化を考えると、アジア諸国がもっと実力をつけ、身近な国々とお互いに切磋琢磨《せっさたくま》できるような環境を整えることが重要になってくる。

日本は、これまでアジアのラグビーをリードしてきたが、それを踏まえて、僕たちがアジア諸国にラグビーのレガシーを伝え、ラグビーの技術を伝えることは、今後、絶対に取り組まなければならないことだと、僕は考えている。

ニュージーランドの人がタイに行ってラグビーを教えるのもいいことではあるが、現実的に体格的なものまで含めて考えれば、アジアのラグビーは、アジアの人間で支えたいと思う。そこに、ワールドカップの場で、第１回大会以来連続出場を続け、世界の強豪と対戦してきた日本ラグビーの存在意義がある。

しかも、たとえばタイのような親日的な国は、ラグビーというスポーツ的な観点からだけではなく、ビジネス的な観点も絡めて、マーケットにしていく可能性が考えられる。

僕も、先日タイに行ってラグビーを教えてきた。

タイのラグビーはまだレベルは低いが、一生懸命取り組もうとしている人たちがいる。そういう人たちの熱意を将来に伝えるためには、日本から単発で教えに行くのではなく、もっと継続的でトータルな仕組みづくりを考える必要がある。お金を儲《もう》けるという意味ではなく、取り組みを継続的にするために、プロジェクトを組んで事業化する必要も出てくるだろう。たとえば、ラグビーのデベロップメント・プログラムに、タイでのビジネス展開を考える企業がスポンサーについて、中長期的なスパンで取り組むような仕組みだ。

こういう仕組みができれば、こちらから出かけるだけではなく、アジア諸国からコーチや選手たちを日本に招いて、日本でなければできないようなプログラムに取り組んでもらうことも可能になる。

まだ具体的な形にはなっていないが、たとえば、北海道バーバリアンズラグビーアンドスポーツクラブが持つ定山渓《じょうざんけい》のグラウンドにアジアから子どもたちを招いて、コーチングクリニックや、ラグビークリニックを行ない、僕たち日本人とも交流するようなプログラムも考えられるだろう。長野県の菅平《すがだいら》高原に、アジア諸国のユースチームを招いて、コーチングクリニックを行ないながら、各国間でゲームをするような大会プランも考えられる。もちろん、渡航費を含めた開催費用をどう捻出《ねんしゅつ》するかという問題が大きな障害になることは予想できる。だからこそ、きちんとした事業化が求められるのだ。

実現までの道程は、果てしなく遠く困難かもしれない。けれども、19年ラグビー・ワールドカップ日本大会のレガシーが広く社会に根づいてラグビーが日常的な風景となり、そのムーブメントが海を越えてアジア諸国にも伝われば、このワールドカップは、歴史の大きな転換点として長く人々の記憶に残るものになる。

最初はとてつもない「夢物語」にしか聞こえないが、こうした夢を真剣に追いかけるのも、ワールドカップを開催した国に育った、ラグビーを愛する人たちのロマンであり、責務なのかもしれない――僕は今、そんなことを考えている。

おわりに

本文では書ききれなかったが、2015年のラグビー・ワールドカップでは、こんな場面があった。

日本代表が初戦で南アフリカを34―32と破った直後から、イングランドの人たちは、僕たちの姿を見ると「おめでとう！」と、祝福の言葉をかけてくれた。いや、選手たちに限らず、観戦に訪れた日本人サポーターに対しても同様だった。

イングランドの人たちが、スポーツをリスペクトしていることが強く感じられる「おめでとう」であった。

僕は、彼らの生活のなかにラグビーがしっかり根づいている印象を受けたし、彼らから本当にラグビーを愛する気持ちが伝わってきた。驚くと同時に感心したことを覚えている。

翻ってワールドカップ日本大会で、たとえばロシアがスコットランドに勝って「歴史的大金星」を挙げたときに、どのくらいの人たちが「おめでとう！」と彼らに祝福の言葉をかけてあげられるのだろうか。

僕は、ひとりでも多くの人たちに、ロシアの選手たちだけではなく、ロシアからきたサポーターにもそういう声をかけてもらいたいと願っている。

こうしたことは本当に小さなことではあるけれども、ワールドカップという大会の成功には欠かせない。

僕がスクラムユニゾンの活動に打ち込んできたのも、そういう思いからだ。たとえロシア語をしゃべることができなくても、国歌をいっしょに歌うことで言葉の壁を取り払って、意思疎通ができるようになる。ホスト国として、そうやって参加するすべての国や地域に寄り添うための第一歩が、国歌や簡単な挨拶《あいさつ》を覚えることだと思うのだ。

普段は英語を話すウェールズ人にウェールズ語で挨拶したら、たぶん向こうはすごく驚くだろう。同時に無性に嬉《うれ》しくなるだろう。

そういうグラスルーツの交流こそが、何よりも大切なのである。


これまでラグビーは、この競技を知らない人たちに、「内向き」という印象を与えてきた。長くラグビーを知っている人たちには「絆《きずな》」やコネクションが強く、それがラグビーの良さとして認められているが、そのベクトルが強すぎるあまり、外側から入ろうとする人たちにはハードルが高く映る。

僕は、そのハードルを何とか低くしたいと考えている。

スクラムユニゾンも、そんな取り組みのひとつだ。

歌とラグビーは相性が良く、歌が好きな人に、このプロジェクトをきっかけにラグビーに興味を持ってもらえれば素晴らしいと思うし、今後は、そうした仕掛けを、さまざまなジャンルで数多く作っていくことが大切になるだろう。

ラグビーの多様性を上手《うま》く利用して、さまざまなチャンネルから、これまでラグビーに興味がなかった人たちを巻き込んでいくようなアプローチが必要だと思うのだ。


その一環——というわけでもないが、19年7月からTBS系列の日曜劇場ドラマ『ノーサイド・ゲーム』に僕は出演させてもらっている。

当初は、慶應義塾大学ラグビー部OBの福澤克雄《ふくざわかつお》監督から「ラグビーの練習のシーンだけでも助けて欲しい」と言われて引き受けたのだが、いつの間にかドラマのキーマン役を演じることになっていた。

自分のせいでドラマが台無しになったら——と、最初の頃は怖かったが、演技指導を何度も受けているうちにポイントがつかめてきた。

セリフが一本調子にならないように、大事なところを強調するやり方は、キャプテンを務めていたときにミーティングなどで話したやり方と共通点があった。ただ、もっと強調した方が伝わりやすいことを学んだ。

ドラマが、役者や監督だけではなく音声や小道具担当といった裏方の皆さんに支えられているところも、タックルやスクラムに汗を流す裏方がいてトライが生まれるラグビーと共通する部分があった。

僕の他にも元ラグビー選手が10名ほど出演しているし、伊藤剛臣《いとうたけおみ》さんや大西将太郎さんといった日本代表OBもゲストで出演してくれた。おかげでラグビーのシーンが、リアルに撮れている。

これもまた、ラグビーには興味がないけれどもドラマの熱烈なファンといった層に、ラグビーの存在を知ってもらうきっかけになれば、と僕は考えている。

日本開催のワールドカップで日本代表が輝かしい勝利を挙げてベスト8に勝ち残れば、もちろん大会は大成功と評価されるだろう。しかし、僕たちが南アフリカを破って起こしたラグビーブームを活かしきれなかった過去もある。

そんな〝失敗〟を繰り返さないためにも、ラグビーが日常的に存在するような社会を目指さなければならないと思うのだ。

そのために、ラグビーの多様性を活かしてあらゆるチャンネルからファンを掘り起こす――本書もまた、そのための小さな、けれども大切な一歩になればと、僕は願っている。

付録　アンセムを歌おう！　歌詞カード

ワールドカップに出場する20のチームの国歌、ラグビーアンセムの原語の歌詞に、フリガナをつけた。各ページの左下にあるQRコードは、スクラムユニゾンのメンバーが歌っている動画のURLだ。ぜひアクセスして、練習してみてほしい。

また、各ページには簡単な挨拶の言葉も添えてある。コミュニケーションの手がかりになれば幸いだ。

＜参考文献＞『国のうた』弓狩匡純　文藝春秋、『世界の国歌総覧　全楽譜付き』マイケル・ジェミーション・ブリストウ編　別宮貞徳監訳　悠書館

提供／スクラムユニゾン　校正協力／弓狩匡純　デザイン／小林美和子

アルゼンチン共和国
Argentine Republic

Sean eternos los laureles
セアン　エテルノス　ロス　ラウレーレス

Que supimos conseguir.
ケ　スピーモス　コンセギール

Que supimos conseguir.
ケ　スピーモス　コンセギール

Coronados de gloria vivamos
コロナードス　デ　グローリア　ビバーモス

O juremos con gloria morir.
オ　フレーモス　コン　グローリア　モリール

O juremos con gloria morir.
オ　フレーモス　コン　グローリア　モリール

O juremos con gloria morir.
オ　フレーモス　コン　グローリア　モリール

こんにちは
Hola　オラ

がんばれ
Ole オレ

オーストラリア連邦
Australia

Australians all let us rejoice,
オーストラリアンズ　オール　レッツ　アス　リジョイス

For we are young and free;
フォー　ウィ　アー　ヤング　アンド　フリー

We've golden soil and wealth for toil,
ウィーヴ　ゴールデン　ソイル　アンド　ウェールス　フォー　トイル

Our home is girt by sea;
アワー　ホーム　イズ　ガート　バイ　シー

Our land abounds in nature's gifts
アワー　ランド　アバウンズ　イン　ネイチャーズ　ギフツ

Of beauty rich and rare;
オブ　ビューティー　リッチ　アンド　レア

In history's page, let every stage
イン　ヒストリーズ　ページ　レット　エブリィ　ステージ

Advance Australia fair!
アドヴァンス　オーストラリア　フェア

In joyful strains then let us sing,
イン　ジョイフル　ストレインズ　ゼン　レット　アス　シング

"Advance Australia fair!"
アドヴァンス　オーストラリア　フェア

こんにちは
Hello　ハロー

がんばれ
Go Australia!
ゴー　オーストラリア！

カナダ
Canada

O Canada! Our home and native land!
オー　カナダ　アワー　ホーム　アンド　ネイティヴ　ランド

True patriot love in all thy sons command.
トゥルー　ペイトリオット　ラヴ　イン　オール　ザィ　サンズ　コマンド

With glowing hearts we see thee rise,
ウィズ　グローウィング　ハーツ　ウィ　シー　ジー　ライズ

The True North strong and free!
ザ トゥルー　ノース　ストロング　アンド　フリー

From far and wide,
フロム　ファー　アンド　ワイド

O Canada, we stand on guard for thee.
オー　カナダ　ウィ　スタンド　オン　ガード　フォー　ジー

God keep our land glorious and free!
ゴッド　キープ　アワー　ランド　グローリアス　アンド　フリー

O Canada, we stand on guard for thee.
オー　カナダ　ウィ　スタンド　オン　ガード　フォー　ジー

O Canada, we stand on guard for thee.
オー　カナダ　ウィ　スタンド　オン　ガード　フォー　ジー

こんにちは
Hello ハロー

がんばれ
Go Canada!
ゴー カナダ！

イングランド
England

God《ゴッド》 save《セイヴ》 our《アワー》 gracious《グレイシアス》 Queen《クイーン》!
Long《ロング》 live《リヴ》 our《アワー》 noble《ノーブル》 Queen《クイーン》!
God《ゴッド》 save《セイヴ》 the《ザ》 Queen《クイーン》!
Send《センド》 her《ハー》 victorious《ヴィクトリアウス》,
Happy《ハッピー》 and《アンド》 glorious《グロリアウス》,
Long《ロング》 to《トゥー》 reign《レイン》 over《オーバー》 us《アス》,
God《ゴッド》 save《セイヴ》 the《ザ》 Queen《クイーン》!

こんにちは
Hello ハロー

がんばれ
Go England!
ゴー イングランド！

フィジー共和国
Republic of Fiji

Blessing grant, oh God of nations, on the isles of Fiji,
ブレッシング　グラント　オー　ゴッド　オブ　ネイションズ　オン　ジ　アイルス　オブ　フィジー

As we stand united under noble banner blue.
アズ　ウィ　スタンド　ユナイテッド　アンダー　ノーブル　バナー　ブルー

And we honour and defend the cause of freedom ever,
アンド　ウィ　ホナー　アンド　ディフェンド　ザ　コーズ　オブ　フリーダム　エヴァー

Onward march together,
オンワード　マーチ　トゥゲザー

God bless Fiji!
ゴッド　ブレス　フィジー

For Fiji, ever Fiji, let our voices ring with pride,
フォー　フィジー　エヴァー　フィジー レット　アワー　ヴォイシズ　リング　ウィズ　プライド

For Fiji, ever Fiji, her name hail far and wide,
フォー　フィジー　エヴァー　フィジー　ハー　ネーム　ヘイル　ファー　アンド　ワイド

A land of freedom, hope and glory to endure whate'er befall
ア　ランド　オブ　フリーダム　ホープ　アンド　グローリー　トゥー　エンドゥア　ワット　エヴァー　ビフォール

May God blessFiji,
メイ　ゴッド　ブレス　フィジー

for evermore!
フォエヴァー　モアー

こんにちは
Bula　ブラー

ありがとう
Vinaka　ヴィナカ

フランス共和国
French Republic

Allons enfants de la Patrie,
アロン　ゾンフォン ドゥラ　パトリー

Le jour de gloire est arrivé!
ル　ジュール　ドゥ　グロワール　エ　タリヴェ

Contre nous de la tyrannie,
コントル　ヌー　ドゥ　ラ　ティラニー

L'étendard sanglant est levé!
レタンダール　ソングロン　テ　ルヴェ

L'étendard sanglant est levé!
レタンダール　ソングロン　テ　ルヴェ

Entendez-vous dans les campagnes
アントンデ　ヴ　ドン　レ　カンパーニュ

Mugir ces féroces soldats?
ミュジール　セ　フェロース　ソルダ

Ils viennent jusque dans nos bras
イル　ヴィエンヌ　ジュスク　ドン　ヴォ　ブラ

Egorger nos fils et nos compagnes!
エゴルジェ　ノ　フィス　エ　ヴォ　コンパーニュ

Aux armes, citoyens!
オー　ザルム　シトワイヤン

Formez vos bataillons!
フォルメ　ヴォ　バタイヨン

Marchons ! marchons!
マルション　マルション

Qu'un sang impur Abreuve nos sillons!
カン　ソン　アンピュール　アブルーヴ　ノ　スィヨン

こんにちは
Bonjour　ボンジュール

がんばれ
Allez　アレ

ジョージア
Georgia

ჩემი ხატია სამშობლო,
チェミ　ハティア　サムショブロ

სახატე მთელი ქვეყანა,
サハテ　ムテリ　クヴェカナ

განათებული მთა-ბარი,
ガナテブリ　ムタバリ

წილნაყარია ღმერთთანა.
ツィルナカリア　グメルタナ

თავისუფლება დღეს ჩვენი
タヴィスプレバ　ドゥゲス　チヴェニ

მომავალს უმღერს დიდებას,
モマヴァルス　ウムゲルス　ディデバス

ცისკრის ვარსკვლავი ამოდის
ツィスクリス　ヴァルスクヴラヴィ　アモディス

ამოდის და ორ ზღვას შუა ბრწყინდება,
アモディス　ダ　オル　スグヴァス　シュア　ブルツキンデバ

და დიდება თავისუფლებას,
ダ　ディデバ　タヴィスプレバス

თავისუფლებას დიდება.
タヴィスプレバス　ディデバ

こんにちは
გამარჯობა　ガーマルジョバ

ありがとう
მადლობა　マドロバ

アイルランド
Ireland

Come the day and come the hour,
カム　ザ　デイ　アンド　カム　ジ　アワー

Come the power and the glory!
カム　ザ　パワー　アンド　ザ　グローリー

We have come to answer
ウィ　ハヴ　カム　トゥー　アンサー

Our Country's call,
アワー　カントリーズ　コール

From the four proud provinces of Ireland
フロム　ザ　フォー　プロウド　プロヴィンシズ　オブ　アイルランド

Ireland, Ireland,
アイルランド　アイルランド

Together standing tall
トゥゲザー　スタンディング　トール　*1

Shoulder to shoulder,
ショルダー　トゥー　ショルダー

We'll answer Ireland's call
ウィル　アンサー　アイルランズ　コール　*2

*1繰り返す
*2繰り返す

こんにちは
Dia duit
ディア グウェット

ありがとう
Go raibh maith agat
グレフ マハ グッツ

イタリア共和国
Italian Republic

Fratelli d'Italia L'Italia s'è desta,
フラテッリ　ディタリア　リタリア　セ　デスタ　*1

Dell'elmo di Scipio S'è cinta la testa.
デッレルモ　ディ　シピオ　セ　チンタ　ラ　テスタ

Dov'è la Vittoria? Le porga la chioma,
ドヴェ　ラ　ヴィットーリア　レ　ポルガ　ラ　キオーマ

Ché schiava di Roma Iddio la creò.
ケ　スキアーヴァ　ディ　ローマ　イッディーオ　ラ　クレオ

*1 別のメロディーで同じ歌詞を繰り返す

Stringiamci a coorte Siam pronti alla morte
ストゥリンジャムチ　ア　コールテ　スィアム　プロンティ　アッラ　モルテ

Siam pronti alla morte, L'Italia chiamò.
スィアム　プロンティ　アッラ　モルテ リタリア　キアモ

Stringiamci a coorte Siam pronti alla morte
ストゥリンジャムチ　ア　コールテ　スィアム　プロンティ　アッラ　モルテ

Siam pronti alla morte, l'Italia chiamò. Sì!
スィアム　プロンティ　アッラ　モルテ リタリア　キアモ　スィ

こんにちは
Buon giorno　ボン ジョルノ

がんばれ
Forza　フォルツァ

日本
Japan

Kimi ga Yo wa
君が代は

Chiyo ni Yachiyo ni
千代に八千代に

Sazare-ishi no
さざれ石の

Iwao to Narite
いわおとなりて

Koke no Musu made
こけのむすまで

Hello こんにちは
konnichiwa

Go! Japan!
がんばれ日本
ganbare nippon!

ナミビア共和国
Republic of Namibia

Namibia, land of the brave,
ナミビア　ランド　オブ　ザ　ブレイブ
Freedom's fight we have won,
フリーダム　ファイト　ウィ　ハブ　ウォン
Glory to their bravery,
グローリー　トゥー　ゼア　ブレイバリー
Whose blood waters our freedom.
フーズ　ブラッド　ウォーターズ　アワー　フリーダム

We give our love and loyalty
ウィ　ギブ　アワー　ラヴ　アンド　ロイヤルティー
Together in unity,
トゥゲザー　イン　ユニティー
Contrasting beautiful Namibia,
コントラスティング　ビューティフル　ナミビア
Namibia, our country.
ナミビア　アワー　カントリー

Beloved land of savannahs,
ビラブド　ランド　オブ　サバンナス
Hold high the banner of liberty.
ホールド　ハイ　ザ　バナー　オブ　リバティー
Namibia, our country,
ナミビア　アワー　カントリー
Namibia, Motherland,
ナミビア　マザーランド
We love thee.
ウィ　ラヴ　ジー

こんにちは
Hi daar　ヒ　ダール

ありがとう
Dankie　ダンキー

ニュージーランド
New Zealand

E Ihowā Atua,
エ　イホワ　アトゥア
O ngā iwi mātou rā
オ　ンガー　イウィ　マートウ　ラー
Āta whakarangona;
アータ　ファカロンゴナ
Me aroha noa
メ　アロハ　ノア
Kia hua ko te pai;
キア　フア　コ　テ　パイ
Kia tau tō atawhai;
キア　トウ　トー　アタファイ
Manaakitia mai
マナアキティア　マイ
Aotearoa
アオテアロア

God of Nations at Thy feet,
ゴッド　オブ　ネイションズ　アット　ザィ　フィート
In the bonds of love we meet,
イン　ザ　ボンズ　オブ　ラヴ　ウィ　ミート
Hear our voices we entreat,
ヒア　アワー　ヴォイシズ　ウィ　エントリート
God defend our free land.
ゴッド　ディフェンド　アワー　フリー　ランド
Guard Pacific's triple star
ガード　パシフィックス　トリプル　スター
From the shafts of strife and war,
フロム　ザ　シャフツ　オブ　ストライフ　アンド　ウォー
Make her praises heard afar,
メイク　ハー　プレイジィス　ハード　アファー
God defend New Zealand.
ゴッド　ディフェンド　ニュー　ジーランド

こんにちは
Kia ora　キア　オラ

ありがとう
Kapai　カパイ

ロシア連邦
Russian Federation

Россия - священная наша держава,
ラシーヤ　スヴェシシェーンナヤ　ナーシャ　ジェルジャーヴァ

Россия - любимая наша страна.
ラシーヤ　リュビーマヤ　ナーシャ　ストラナー

Могучая воля, великая слава -
マグーチャヤ　ヴォーリャ　ヴェリーカヤ　スラーヴァ

Твоё достоянье на все времена!
トゥヴァヨー　ダスタヤーニエ　ナ　フシェー　ヴレメナー

Славься, Отечество наше свободное,
スラーフシャ　アチェーチェストヴァ　ナーシェ　スヴァボードナィエ

Братских народов союз вековой,
ブラーツキフ　ナローダフ　サユース　ヴィカヴォーィ

Предками данная мудрость народная!
プリェードカミ　ダーンナヤ　ムードラスチ　ナロードナヤ

Славься, страна! Мы гордимся тобой!
スラーフィシャ　ストラナー　ムィ　ガルヂームシャ　タボーィ!

こんにちは
Здравствуйте
ズドラーストヴィチェ

ありがとう
Спасибо
スパシーバ

サモア独立国
Independent State of Samoa

Samoa, tula'i ma sisi ia lau fu'a, lou pale lea;
サモア　トゥラッイ　マ　シィシィ　イア　ラウ　フッア　ロウ　パレ　レア

Samoa, tula'i ma sisi ia lau fu'a, lou pale lea;
サモア　トゥラッイ　マ　シィシィ　イア　ラウ　フッア　ロウ　パレ　レア

Vaai 'i na fetu o looua agiagia ai;
ヴァアイ　ッイ　ナ　フェトゥ　オ　ロッウア　アギアギア　アイ

Le faailoga lea o Iesu na maliu ai mo Samoa.
レ　ファアイロガ　レア　オ　イエス　ナ　マリウ　アイ　モ　サモア

Oi! Samoa e uu mau lau pule ia faavavau.
オイ　サモア　エ　ウウ　マウ　ラウ　プレ　イア　ファアヴァヴァウ

'Aua e te fefe, o le Atua lo ta fa'a vae, O lota Sa'o lotoga,
ッアウア　エ　テ　フェフェ　オ　レ　アトゥア　ロ　タ　ファッアヴァエ　オ　ロタ　サッオロトガ

Samoa, tula'i, ia agiagia lau Fu'a lou pale lea.
サモア　トゥラッイ　ッウア　アギアギア　ラウ　フッア　ロウ　パレ　レア

こんにちは
Malo　マロ

ありがとう
Faafetai　ファアフェタイ

スコットランド
Scotland

O Flower of Scotland,
オー　フラワー　オブ　スコットランド
When will we see
ウェン　ウィル　ウィ　シー
your like again
ユア　ライク　アゲイン
That fought and died for
ザット　フォート　アンド　ダイド　フォー
your wee bit hill and glen
ユア　ウィー　ビット　ヒル　アンド　グレン
and stood against him,
アンド　ストゥッド　アゲインスト　ヒム
proud Edward's army,
プラウド　エドワーズ　アーミー
and sent him homeward
アンド　セント　ヒム　ホームワード
tae think again.
テ　シンク　アゲイン

Those days are past now
ゾーズ　デイズ　アー　パスト　ナウ
and in the past
アンド　イン　ザ　パスト
they must remain
ゼイ　マスト　リメイン
but we can still rise now
バット　ウィ　キャン　スティル　ライズ　ナウ
and be the nation again
アンド　ビー　ザ　ネイション　アゲイン
that stood against him
ザット　ストゥッド　アゲインスト　ヒム
proud Edward's army
プラウド　エドワーズ　アーミー
and sent him homeward
アンド　セント　ヒム　ホームワード
tae think again.
テ　シンク　アゲイン

こんにちは
Feasgar math　フェスカマー

バイバイ
Beannach leat
ビアンナック ラート

南アフリカ共和国
Republic of South Africa

Nkosi sikelel' iAfrika
ンコスィ　スィケレリ　アフリカ
Maluphakanyisw' uphondo lwayo,
マルパカニースァ　ポンド　ロワヨ
Yizwa imithandazo yethu,
イェズワ　イミタンダーゾ　イェトゥ
Nkosi sikelela, thina lusapho lwayo.
ンコスィ　スィケレラ　ティナ　ルサポ　ロワヨ

Morena boloka setjhaba sa heso,
モレナ　ボロカ　セチャバ　サ　ヘソ
O fedise dintwa la matshwenyeho,
ウ　フェディゼ　ディンチュワ　レ　マチュエイェーホ
O se boloke, O se boloke setjhaba sa heso,
オ　セ　ボロケ　オ　セ　ボロケ　セチャバ　サ　ヘソ
Setjhaba sa South Afrika - South Afrika.
セチャバ　サ　サウス　アフリカ　サウス　アフリカ

Uit die blou van onse hemel,
アィ　ディ　ブロウ　ファン　オンサ　ヒーメル
Uit die diepte van ons see,
アィ　ディ　ディプタ　ファン　オンス　スィアー
Oor ons ewige gebergtes,
ウァール　オンス　イァヴァハ　ハベルタス
Waar die kranse antwoord gee,
ヴォール　ディ　クロンサ　アントヴァールド　ヒア

Sounds the call to come together,
サウンズ　ザ　コール　トゥ　カム　トゥゲザー
And united we shall stand,
アンド　ユナイテッド　ウィ　シャル　スタンド
Let us live and strive for freedom,
レット　アス　リブ　アンド　ストライブ　フォー　フリーダム
In South Africa our land.
イン　サウス　アフリカ　アワー　ランド

こんにちは（ズールー語）
Sawubona　サゥボゥナ

こんにちは（コサ語）
molo　モロ

トンガ王国
Kingdom of Tonga

'E 'Otua Mafimafi,
エ　オトゥア　マーフィマフィ

Ko ho mau 'Eiki koe,
コ　ホマウ　エイキ　コエ

Ko Koe koe falala'anga,
コ　コエ　コ　エ　ファララアンガ

Mo ia 'ofa ki Tonga;
モ　エ　オファ　キ　トンガ

'Afio hifo 'emau lotu,
アフィオ　ヒフォ　エマウ　ロトゥ

'A ia 'oku mau fai ni,
ア　イア　オク　マウ　ファイ　ニ

Mo ke tali homau loto,
モ　ケ　タリ　ホマウ　ロト

'O malu'i 'a Tupou.
オ　マルイ　ア　トゥポウ

こんにちは
Malo e lelei　マロ　エ　レレイ

ありがとう
Malo aupito　マロ アピト

ウルグアイ東方共和国
Oriental Republic of Uruguay

Orientales la Patria o la tumba!
オリエンターレス　ラ　パトリア　オ　ラ　トゥンバ
Libertad o con gloria morir!
リベルター　オ　コン　グローリア　モリール

Orientales la Patria, ó la tumba!
オリエンターレス　ラ　パトリア　オ　ラ　トゥンバ
Libertad, ó con gloria morir!
リベルター　オ　コン　グローリア　モリール

Es el voto que el alma pronuncia,
エス　エル　ヴォート　ケ　エル　アルマ　プロヌンスィア
Y que heroicos sabremos cumplir!
イ　ケ　エローイコス　サブレモス　クンプリール

Es el voto que el alma pronuncia,
エス　エル　ヴォート　ケ　エル　アルマ　プロヌンスィア
Y que heroicos sabremos cumplir!
イ　ケ　エローイコス　サブレモス　クンプリール
Que sabremos cumplir!
ケ　サブレモス　クンプリール

Es el voto que el alma pronuncia,
エス　エル　ヴォート　ケ　エル　アルマ　プロヌンスィア
Y que heroicos sabremos cumplir!
イ　ケ　エローイコス　サブレモス　クンプリール
Que sabremos cumplir!
ケ　サブレモス　クンプリール

Sabremos cumplir! Sabremos cumplir! Sabremos cumplir!
サブレモス　クンプリール　サブレモス　クンプリール　サブレモス　クンプリール

こんにちは
Hola　オラ

がんばれ
Allez　アレ

アメリカ合衆国
United States of America

Oh, say can you see,
オー　セイ　キャン　ユー　シー

by the dawn's early light,
バイ　ザ　ダンズ　アーリー　ライト

What so proudly we hailed
ファット　ソー　プロウドリー　ウィ　ヘイルド

at the twilight's last gleaming?
アット　ザ　トワイライツ　ラスト　グリーミング

Whose broad stripes and bright stars, through the perilous fight,
フーズ　ブロード　ストライプス　アンド　ブライト　スターズ　スルー　ザ　ペリアウス　ファイト

O'er the ramparts we watched, were so gallantly streaming?
オア　ザ　ランパーツ　ウィ　ワァッチド　ワー　ソー　ギャラントリー　ストリーミング

And the rockets' red glare,
アンド　ザ　ロケッツ　レッド　グレア

the bombs bursting in air,
ザ　ボムス　バースティング　イン　エアー

Gave proof through the night that our flag was still there.
ゲイヴ　プルーフ　スルー　ザ　ナイト　ザット　アワー　フラッグ　ワズ　スティル　ゼア

Oh, say does that star-spangled banner yet wave
オー　セイ　ダズ　ザット　スター　スパングルド　バナー　ヤット　ウェイヴ

O'er the land of the free and the home of the brave?
オア　ザ　ランド　オブ　ザ　フリー　アンド　ザ　ホーム　オブ　ザ　ブレイブ

こんにちは
Hello　ハロー

応援のチャント
USA!　ユー エス エー

ウェールズ
Wales

Mae hen wlad fy nhadau yn annwyl i mi,
マイ　ヘン　ウラッド　ヴェ　ナアーダゥ　エン　アンニュイル　イ　ミ

Gwlad beirdd a chantorion, enwogion o fri;
グラード　バイルド　ア　シャントリオン　エンウォーギオン　ウ　フリ

Ei gwrol ryfelwyr, gwladgarwyr tra mâd,
アイ　グロール　ラフェルール　グラドガールイ　トラ　マード

Tros ryddid collasant eu gwaed.
ドゥロス　ラーディド　コリャサント　アイ　グワイド

Gwlad, gwlad, pleidiol wyf i'm gwlad,
グラード　グラード　プライディオル　ウイヴ　イーム　グラード

Tra môr yn fur i'r bur hoff bau,
トゥラ　モル　アン　ヴィール　イール　ブィール　ホーフ　バイ

O bydded i'r heniaith barhau.
オ　バーデッド　イール　ヘン　イアイス　バーハイ

こんにちは
Prynhawn da　プナウンダ

ありがとう
Diolch　ディオルグ

廣瀬俊朗（ひろせ・としあき）
1981年、大阪府生まれ。ラグビーワールドカップ2019公式アンバサダー。スクラムユニゾン発起人。５歳のときにラグビーを始め、北野高校、慶應義塾大学を経て、2004年に東芝入社。1999年度、U19日本代表、高校日本代表、2007年より日本代表。2012年から2013年まで日本代表のキャプテンを務める。2015年W杯では日本代表史上初の同大会３勝に貢献。通算キャップ28。ポジションはスタンドオフ、ウイング。

構成／永田洋光　協力／大久保奈美（有限会社PREGIO）

ラグビー知《ち》的《てき》観《かん》戦《せん》のすすめ

廣《ひろ》瀬《せ》俊朗《としあき》

2019 年 9 月 10 日　初版発行
2023 年 8 月 30 日　5 版発行

◆◇◇

発行者　山下直久
発　行　株式会社KADOKAWA
〒102-8177　東京都千代田区富士見 2-13-3
電話　0570-002-301（ナビダイヤル）

装 丁 者　緒方修一（ラーフイン・ワークショップ）
ロゴデザイン　good design company
オビデザイン　Zapp!　白金正之
印 刷 所　株式会社KADOKAWA
製 本 所　株式会社KADOKAWA

角川新書
 ISBN978-4-04-082319-5 C0275